野菜・魚・鶏肉 の栄養とうま味を
“まるごと”いただく奇跡のだし

VEGEBROTH
ベジブロス

美と免疫力アップでサビないカラダ

タカコ ナカムラ

目 次 Contents

<本書のレシピの見方と注意点>
※計量の目安は、大さじ1＝15cc、小さじ1＝5cc、1カップ＝200ccです。
※レシピ中にある「しろたまり」は、白醤油のことです。（P.95 参照）
※水溶き片栗粉は、片栗粉：水＝1：1で作っています。

はじめに

　私は「Whole Food（ホールフード）」というコンセプトで料理を教え、その考えを広げていく活動を30余年続けています。教室の中でも「ベジブロス」は、ホールフードのシンボル的な位置付けです。はじめは、「おいしいだし」や「エコなだし」として生徒から口コミで伝わる程度でしたが、数年前から白澤卓二先生をはじめ多くのドクターの方々とお仕事をさせていただく中で、ベジブロスの効能の高さを知りました。

　ベジブロスに含まれるファイトケミカルは、極めて優れた抗酸化力に富み、免疫力を高める効果は絶大。老化をブロックし、美肌を維持することもできることは明らかです。何より、まだ解明されていない未知なる可能性を多く秘めているということが、医学の進歩と共に解明されつつあります。

　ベジブロスを取るには、特別な道具も必要ありません。誰もが手軽にはじめられて健康になるならば、と『ベジブロスキャラバン隊』隊長として全国で講座を開催しています。

　各地では、ご当地ベジブロスに出会うこともあります。大分県佐伯市に行った時のことです。佐伯市は、豊かな漁場もあり農産物にも恵まれている地域。ベジブロスには、名産品である「いりこ」を入れることが普及しています。これぞ、ご当地ベジブロス！ このようにベジブロスには、地産地消の食材を使いたいものです。

　ベジブロスは、野菜の皮や根っこが中心となるため、残留農薬がないものを選ぶことが大切であることを主張してきました。それがいまひとつ、ベジブロスの広がりにストップをかけてしまっているのかもしれません。でも、自分だけ健康で老いなければそれでいいのでしょうか？

　いま日本の農業を振り返ると、有機野菜や農薬・化学肥料を使わないで育てられている野菜は増えていません。欧米に比べると、オーガニック認証農家や食品も決して多くはないのです。ベジブロスは野菜のリトマス試験紙のようなもので、安全な土

づくりをしている野菜から取っただしは、うま味も甘味も深い味わいになります。

　ベジブロスを通じて、土に由来する摩訶不思議な力が、数値には表せないエネルギーを含んでいることを日々、教えられている気がしています。

　私は安全でおいしい野菜を食べ続けたいと願っています。ならば、信頼できる農家を応援しよう。農薬まみれの野菜ではなく、健康に育てられた野菜を買うという選択をしなければ、日本の土の多様性は維持できないと考えているからです。豊かな土が森や海を守り、自然環境を支えていきます。

　国連の提唱するSDGsの考え方は、持続可能な社会。17の目標別のゴールは別々のものではなく、みんな根っこは一緒。それはベジブロスに使う野菜だって同じことです。

　パンローリング社から発売したベジブロス本から7年の歳月が経ちました。本書は、前作の野菜だけのベジブロスに加え、鶏肉や魚の骨を使うベジブロスもご紹介しています。これは、普段なら捨ててしまう食材の再利用法でもあります。

　食品ロスの問題、ゴミの問題、甚大な被害をおよぼす自然災害…みんな原因はつながっているはずです。私たち1人1人の選択が地球の環境を確実に変えると思います。ベジブロスを取ることが気づきのきっかけになれば何よりうれしいです。

ベジブロスが世界に広がることを心から期待しています。

2020年　タカコ　ナカムラ

※ベジブロス®は(株)タカコ　ナカムラ OEC が所有する商標登録です。

ベジブロス スペシャル対談

Dr.白澤 卓二 ✕ タカコ ナカムラ

SHIRASAWA TAKUJI

医学博士。予防医学の第一人者。白澤抗加齢医学研究所所長、お茶の水健康長寿クリニック院長、千葉大学医学部予防医学センター客員教授、Residence of Hope 館林代表。

TAKAKO NAKAMURA

「タカコ ナカムラ ホールフードスクール」開校。一般社団法人ホールフード協会を設立、代表理事。安全な食と暮らしと農業、環境をまるごと考えるホールフードを提唱。

ファイトケミカルの新たなる可能性

タカコナカムラ（以下、ナカムラ略）：
白澤先生と書籍でご一緒させていただくのは、とてもお久しぶりですね。以前、先生に監修していただいた「ベジブロス」のレシピ集から早いもので 7 年が過ぎました。

白澤卓二（白澤略）：
確か、ベジブロスの抗酸化力を調べるために BAP テストという血液検査をしましたね。年代の違う男女で実施し、ベジブロスを飲む前と飲んだ後で測定してみたところ、血液中の抗酸化力が数値で上がってきたのをみて驚いた記憶があります。

ナカムラ：はい、ベジブロスに含まれる野菜の栄養成分「ファイトケミカル」が抗酸化力をより倍増していることを目の当たりにしました。あの時は、とても感動したのを覚えています。長年の活動が医学的にも立証されたことは、本当に励みになりました。その後もファイトケミカルは医学界を中心に注目されているようですが、新しく研究が進んだことなどはありましたか？

白澤：だいぶ違うことは、ファイトケミカルを調べる分析技術が断然、上がったことですね。例えば、特殊な機械にブロッコリーをバーッと潰して液状にしてから調べたりするんですが、低分子化合物というのが無限に出てくる。その低分子化合物の中にファイ

トケミカルを探すわけですが、機械の精度がよくなったことで以前よりも1つの野菜に含まれるファイトケミカルの量は、想像以上に多かったことが分かりました。

科学者たちは、香り成分や色素成分などを追いかけて研究の突破口を開いていくんですね。主にトマトの赤い色素成分のリコピンとか、ブロッコリーなどのアブラナ科に多いイソチオシアネートにある匂い成分ですとか。最も分かりやすいところが研究対象になりやすい。ただ、人間には目に見えないし、香りを感じられない成分の方がはるかに多いということなんですよ。実はリコピンの近くに存在していてまだ無名の成分の方が抗酸化力の高い可能性がある。そのことが徐々にエビデンスでも証明されてきました。

ナカムラ：植物の持つ抗酸化力は、やはり単独成分ではないことがより明らかになったということですね。

白澤：そこです。まさに「多様性」が大きなキーワードになっています。

人間の腸内細菌叢と
土の多様性はリンクしている

白澤：腸内細菌叢でも同じことがいえるのですが、今までは腸内環境を整えるにはビフィズス菌がよいということで、1つのビフィズス菌という菌だけにスポットを当てて商品化するような流れがあります。けれど、多様であることが非常に重要ということは、人体によい影響を与える微生物や食品にスポットを当てるようなプロバイオティクスの考え方ではなく、元々のホール。つまり野菜を丸ごと食べるような一物全体のありかた

ですよね。ここの原点こそが、絶対的に必要だということなのです。ビフィズス菌は、体に悪いという研究結果も続々と出てきています。単体の菌や栄養成分がよいわけではない。それこそが、多様性なのです。

ナカムラ：7年前の白澤先生のお話には、そこまで多様性のことを強調されていませんでしたよね。

白澤：それが大きく違うところ。現代人は、腸内環境においても多様性が減っていることが分かっています。スーパーの棚に陳列されている商品は多いけれど、腸内には、多様な微生物が残念ながら少ないのです。

これについては、土の中の多様性が腸内環境の多様性に完全にリンクしているということが各国の研究結果でも明らかになっています。

実は、日本の土でも10年間、農薬や化学肥料を使用しない土地をサンプリングして持ってくると微生物の多様性がすごいんです。この量は、世界中どこを探してもない。私は、人間の健康長寿を支える原点は、やはり土だと思っていて。微生物の多様性にあふれた土地で育てた作物をホールで食べる。土とホールは、精製させないという意識を広め、正しい食事に戻していきたいと考えています。

ナカムラ：私も白澤先生のおっしゃるように農薬や化学肥料を入れずに環境に配慮した生産者の方を長年、応援しています。

白澤：そうそう、顔の見える生産者の方々とのつながりは、これからの時代、より大切になりますね。

ナカムラ：よく機能性成分をサプリメントで摂る方も多いようですが、それについてはどう思われますか？

白澤：サプリメントというのは、よいといわれる成分を抽出しているだけなので結論的には、効果を期待することはできません。それよりも、数種類の野菜の皮や種を煮だして取るベジブロスにこそ、ホールとしての価値がある

ナカムラ：それは、とても嬉しいです。よく、ベジブロスに使う野菜は、どの組み合わせが一番効果的なのか聞かれることがあるのですが、そのあたりはどうなのでしょうか？

白澤：やはり多様性を考えた時、たくさんの種類をより多く摂り入れることですよね。ベジブロスというのは、そもそも植物の細胞壁を煮出すことで壊し、主に水溶性の栄養素を丸ごと飲んでいるというロジックです。その中には、まだ科学的に解明されていないファイトケミカルや抗酸化物質がたくさん溶け込んで入っているということなんですね。できるだけ多くの食材を入れて煮出す方がいい。しかも、本来であれば、生ごみとして捨ててしまっていた野菜の皮や種を使って煮出しているというのがベジブロスの最も優れたところ。なぜなら、植物の周りには、自らを守るプロテクション能力がより高いので、抗酸化力も断然、高いということがいえるからです。

動物性たんぱく質は、高齢者にとっては必要不可欠

ナカムラ：本書では、従来の野菜のみのベジブロスだけではなく、鶏肉の骨や魚のアラなども加えて煮出した最新版のベジブロスをご紹介しています。菜食の方には、受け入れられないのかもしれませんが、私は、高齢者になるにつれて肉や魚などのたんぱく質は必要なのではないかと思っているのです。それは、身近な方で、実体験として痛感することがあったからなんですね。白澤先生は、動物性たんぱく質の必要性については、どのようにお考えでしょうか？

白澤：菜食主義といっても、調査対象や当人がどれくらい厳格にやっているかによってもデータは変わってきます。ここでは、大きくくくって菜食主義ということでお話しますが、菜食主義の多くは糖尿病・肥満・高血圧・心臓病などの死亡率は下がります。これはエビデンスとしては確か。それから、認知症のリスクも低下する。これは間違いないことです。

ところが、高齢化社会といわれている昨今、少し見方が変わりつつあります。高齢者におけるサルコペニアです。これは、筋力が減少する症状なのですが、私が高齢者の研究を始めた1990年代には、今ほど目立っていなかった。30年経って、あちこちでサルコペニアによる転倒骨折や認知機能低下などが叫ばれています。サルコペニアが引き金となり、重症化しやすい傾向がある。それは、菜食主義のいくつかの問題点が指摘されています。体内にビタミン B_{12}・ビタミン D・オメガ3・亜鉛が明らかに足りないということなんです。結果的にこれらは動物性食品に多いわけですね。私のところへ診察へ来られる方々も厳格な菜食主義者は、必ずといっていいほど、いま挙げた4つが完全に不足しています。高齢期は、これがかなり足を引っ張ります。

ナカムラ：そのお話の通りなんです。私の知人は、厳格な菜食主義者でサルコペニアでした。家の中でも立てないほどでしたが、

肉や魚を食べてもらうようにケータリングを始めたら、少しずつ回復してきたんです。

白澤：つまり、それはこういうメカニズムです。中年期のリスクと高齢期のリスクは異なるということなんです。中年期のリスクは、ガンや糖尿病、メタボを予防しなければいけないのですが、高齢期は骨を強くして、認知機能を保つことが大切になる。ここが違います。

ナカムラ：中年期と高齢期の境というのは、何歳くらいからなのでしょうか？

白澤：中年期と高齢期は、65歳から75歳くらいでリスクがクロスしてくるんです。それ以前は、菜食主義でも問題はなかったけれど、高齢期でも厳格に続けていると、サルコペニアのリスクが大きい。だから、ビタミンB₁₂・ビタミンD・オメガ3・亜鉛の4つは、献立に組み込む必要性が出てくるのです。先ほどのお話にもあったようにベジブロスへ鶏肉の骨や魚のアラを使った発想は、すごくいいと思います。菜食主義者に足りないものをベジブロスに入れたメニューを提供してあげたらいいですよ。

ナカムラ：白澤先生にそう言っていただき、ほっとしました。考え方は間違っていなかったんですね。ベジブロスに使う野菜は、細胞壁が壊れて栄養素が溶けだすということですが、肉の骨や魚のアラを煮込んでも同じようなことが起きるのでしょうか？

白澤：動物の骨なるものは、これまたミステリアスな物質なんですね。リーキーガット症候群（腸管壁浸漏症候群）という病気を聞いたことがあるかもしれませんが。これは、腸管の上皮細胞のバリア機能がおかしくなって、腸漏れという現象を起こすんですね。腸にいろいろな栄養成分などが漏れ出

してしまうということなのですが、この症状には、骨が効果を発揮したりします。骨というよりは、骨髄に含まれる成分によるマトリックスだと理解しているんですが、医学的にもまだ何かまでは分析ができない。ただ、煮出すと出てくる有効成分があるわけです。それを思うと、タカコ先生の新しく肉の骨や魚のアラを取り入れたベジブロススープには、まだ医学的に解明できないほどの可能性がある気がしました。それに、日本人は他国に比べて食塩摂取量が多い。ベジブロスでしっかりとだしを取り、減塩生活にもつなげていけたらいいですよね。

ナカムラ：そのように白澤先生に言っていただき、ますますベジブロスを広げていかなければいけないという意識が強まりました。

白澤：様々な栄養素が溶け込んだベジブロスは、腸内環境を整える長寿スイッチを押すようなもの。現代人に必要な万能だしといえるかもしれません。私もベジブロスを広めるお手伝いをさせていただきます。

『Dr.白澤卓二の365日
健康トライアスロン』
メールマガジン配信中

https://shirasawatakuji.com/resister/

最新ベジブロス
7つのポイント！

パワーアップした
ベジブロスを
さらに最強にする
コツです

---

point **1**

毎日、フル活用しよう

体によいものは、毎日摂ってこそ効果を実感するもの。ベジブロスも例外ではありません。朝の味噌汁はもちろん、ご飯を炊く時の水代わりにも最適です。なかなか野菜の皮や種が貯まりにくい場合は、ながら取り（詳しくは、P.23参照）でもオッケー！　細かいことは抜きに、日々の食卓でベジブロスの登場回数を増やしましょう。

---

point **2**

レインボーフーズを意識しよう

ベジブロスに使う食材に悩んだら、「色」を基準にするとラクです。簡単に言えば、7色が揃うように豊富な食材を組み合わせるのがベスト。理由は、食材の色にはそれぞれ高い抗酸化力のあるファイトケミカルが含まれているからです。食材の多様性を味方につけて、免疫力アップを目指していきましょう。

---

point **3**

ホールで使おう

ベジブロスは、野菜の皮や種など食材を丸ごと使っています。まさにホールであり、一物全体ですね。これがいいのです。野菜は、自ら動くことができません。そのため、外敵から身を守るために外皮や内側の種などに抗酸化力の高いファイトケミカルを作りました。それを人間が食べることで活性酸素の増加を防ぎ、老化をブロックします。

塩の摂り過ぎに注意しよう

日本人は、他国と比べて食塩摂取量が多いことで知られています。ベジブロスは、食材のうま味成分がたっぷりと溶け出しただしなので、塩分を減らす効果も期待できます。天然のうま味を利用して、食塩の過剰摂取にストップをかけていきましょう。

動物性たんぱく質を摂ろう

高齢者になると、栄養の吸収力が低下していきます。菜食主義の方でも、年を重ねるごとに動物性たんぱく質を摂ることをおすすめします。最新のベジブロスには、野菜だけでなく、鶏肉の骨や魚のアラなども活用しているので、動物の骨髄から出る栄養成分も魅力です。野菜だけでは出ないうま味成分も豊富なので、積極的に活用してください。

土の多様性を守ろう

日本の土は、知られざる微生物の宝庫です。海外に比べて驚くほど微生物の多様性に富んでいます。ただ、それには条件があります。農薬や化学肥料を一切使わない土地に限るということです。多様性のある土地で育てた農作物は、私たち人間が食べた時にも腸内細菌叢を同じように豊かにしてくれます。ベジブロスも豊かな土地で育った野菜を使えば効果絶大です。

生産者とつながろう

正しい農作物を選ぶには、信頼できる生産者を知ることが大切です。私たち日本人は、もともと農薬や化学肥料に頼らずに作物を育てていた民族だったはず。簡単や便利さを求め過ぎるあまり、豊かな土地の多様性を失ってしまったことに今こそ気づくべきです。賢い消費者のワンアクションで、頑張っている生産者を応援していきたいものです。

11

ファイトケミカルたっぷり！
免疫力を上げるレインボーフーズ

ファイトケミカルの正しい摂り方

いま、医学界を中心にファイトケミカルの研究が進み、注目度はますます高まりつつあります。ファイトケミカルとは、植物由来の天然の化学物質のこと。第七の栄養素とも呼ばれ、免疫力を高める効果があることが分かっています。ファイトケミカルの種類は、解明されているものだけで1万種以上もありますが、まだ発見されていないものがほとんど。1つの食材に含まれている量は僅かなため、たくさんの種類を摂る方が効果的です。また、ファイトケミカルは、食材の過食部分より皮などの色素成分に多く含まれているのが最大の特徴です。そこで「色」の違う食材をレインボー（七色）で組み合わせることで、ファイトケミカルの未知なる可能性を存分に摂取することができると考えられます。レインボーフーズの効果効能について、一緒にチェックしていきましょう。

赤 赤い色素は、強い抗酸化力のサイン！

トマトに含まれる赤い色素成分であるリコピンは、ビタミンEの約100倍の抗酸化作用があります。ボルシチで有名なビーツは、ベタシアニンと呼ばれるファイトケミカルが含まれています。最近ベリー類の抗酸化力が確認され、がん発生リスクを低下させることが分かっています。今後は、日本でおなじみのサクランボにも注目していきたいものです。

緑色の野菜は、
ファイトケミカルの宝庫

小松菜は、強い抗酸化作用を示すルテインがとても多く含まれ、細胞を修復する効果でも知られています。濃い緑色の野菜には、強い抗酸化作用を持つクロロフィルが含まれているのも特徴です。ピーマンには、ピラジンという独特の香り成分があり、動脈硬化を防ぐファイトケミカルも豊富。マメ科の緑色も取り入れたい食材のひとつです。

 黄色のパワフル食材で、
疲れ知らずの体に

トウモロコシの色素成分であるルテインは、抗酸化作用に優れて利尿作用や目の病気にも有効的。パプリカは栄養価が高く、β-カロテンはトマトの 2 倍もあります。レモンには、リモネンという香り成分のファイトケミカルが含まれ、ストレスを和らげてリラックス効果も。カレーのスパイスでもあるターメリックは、抗酸化力の高い黄色に区分されます。

 オレンジは、活性酸素から
身を守る防御カラー

にんじんやカボチャのオレンジ色は、カロテンの含有量が高いことが一目瞭然。特に、にんじんは、カロテンの語源になるほど含有量が豊富です。β-カロテンは、摂取することで体内に必要な分だけビタミン A に変える特殊な栄養素。表皮を活性酸素から守る効果もあります。柑橘類は、ファイトケミカルの一種であるポリフェノールが含まれています。

白 免疫力の高さを誇る
ホワイト効果に大注目

色はなくても栄養素が多いのが、白い色の
食材です。玉ねぎは、皮が褐色なので茶色に
含まれそうですが、白い食材の仲間。イオウ
化合物である硫化アリルを含み、免疫細胞
の働きを活性化させる働きがあります。白い
カリフラワーはアブラナ科の一種で高い抗
酸化力が豊富。かぶの辛み成分であるイソ
チオシアネートは、免疫力アップ効果が期待
できます。

紫 紫色は活性酸素を寄せつけない
抗酸化力の証

なすの色素成分は、ポリフェノールの一種で
あるナスニンです。通年ものではありません
が、赤紫蘇の紫色もポリフェノールの塊で
す。ポリフェノールは、活性酸素を除去する
働きに優れ、発がん物質を抑制する働きがあ
ります。ベリー類の代表ともいえる、紫色の
ブルーベリーは、フラボノイド系が多く、免
疫機能の低下を防ぐことができます。

黒 アンチエイジングの強い味方、
黒系の実力派

黒豆や黒ゴマなどの黒色は、他色に比べて
ポリフェノールが多く、抗酸化作用が強い優
秀な食材が豊富です。ごぼうのアクはポリ
フェノールの一種として有名です。きのこ類
は異常細胞や腫瘍、がんの増殖を抑える血
管新生阻害物質（新しい血管ができること）
を含むとし、免疫研究でも脚光を集めていま
す。老化を予防し、若返り効果も期待できそ
うです。

高齢者は、
良質な動物性たんぱく質が必要

健康長寿を左右する鍵は、動物性のたんぱく質

高齢者になると血液中のたんぱく質が足りている方は、健康的で長生きすることがエビデンス的にも明らかです。そのたんぱく源は、何でもよいわけではなく、良質な動物性のたんぱく質であることが重要なポイント。理由は、年を重ねると食べる量が減るというのもありますが、腸内での消化吸収能力が徐々に低下していくからです。植物性のたんぱく質が悪いわけではなく、動物性のたんぱく質を摂ら

ないと十分なたんぱく質を体内で確保することが難しくなります。やはり、たんぱく質が不足すると免疫力が低下し、病気になりやすい。高齢者は、筋肉量も減り、サルコペニアなど寝たきりのリスクが高まるため、バランスよく動物性たんぱく質を摂取することをおすすめしています。

ミネラル成分の多い
自然海塩を選ぼう

うま味成分をプラスして、塩の摂り過ぎを予防

日本人の現代の食事は、他国と比べると食塩が多いことが指摘されています。世界保健機構（WHO）の研究では、「食塩・塩蔵食品はおそらく胃がんの原因のひとつである」と結論づけられています。食塩の摂り過ぎは、胃がんだけではなく、高血圧を介して脳卒中や心筋梗塞のリスクも高めることも分かっています。1日の摂取量を男性は7.5g、女性は

6.5g未満を目安にしましょう。加工食品や市販の惣菜は知らないうちに塩分を過剰摂取することにつながるので、まずは、ナトリウム分のみの食塩ではなく、ミネラル成分をバランスよく含む自然海塩を適量使うこと。そして、ベジブロスの旨味を利用してご自身で料理することをおすすめします。

Vegebroth

1章
さぁ、ベジブロスを作ろう！

3種の最強ベジブロス

今まで捨てていた野菜の皮や種などを使ってベジブロスを取ってみましょう。
両手一杯分の野菜の切れ端があれば、誰にでも簡単に作れます。他に、新ベジブロスとして「骨つき鶏肉」と「魚のアラ」を加えたスペシャルなベジブロスもご紹介します。3種類とも簡単なのに、料理の味を底上げしてくれること間違いなし！ 美味しくベジブロスを活用しながら、美腸や免疫力アップにもつながるお助けだしばかりです。

Chicken
骨つき鶏肉

Vegebroth
基本のベジブロス

Fish
魚のアラ

Vegebroth

基本のベジブロス

まずは、基本からマスターしていきましょう。美味しいベジブロスを作るには、野菜の種類が多い方が味わい深いだしが取れます。栄養素も同じこと。植物の持つファイトケミカルを効率よく摂取するには、ベジブロスに入れる野菜の種類が被らない方が、より多くのファイトケミカルが摂れます。もし入れる野菜に迷ったら、野菜の色がカラフルになるように組み合わせることがポイント。見ていて楽しくなるような色合いは、味も栄養も抜群のベジブロスに仕上げてくれます。

【材料】 作りやすい分量
野菜の皮や根っこ…両手いっぱい分
（よく洗い、水けを切っておく
「50℃洗い（P.24 参照）」がベスト！）
水…1300ml
酒…小さじ1

【作り方】

1 鍋に水と野菜の皮や根っこを入れる。

2 ①に酒を加えて弱火にかける。

3 野菜が踊らないようにコトコトと
30分ほど煮込む。

4 ザルで濾す。

5 できあがり！

基本のベジブロスの
取り方はこちら
>>>

基本のベジブロスの取り方はこちら >>>

備考

※ベジブロスを取る量が多い場合は、は
　じめは強火にかけて沸いてきたら弱火
　で30分ほど煮込む。
　ずっと強火で煮込むと野菜が煮崩れ、
　澄んだスープにならないので注意しま
　しょう。

保存法

保存する場合は、容器に移して冷蔵庫で5日
間保存できます。日ごとに風味が落ちてしま
うため、なるべく早めに使い切るようにしま
しょう。
冷凍する場合は、製氷機に入れて凍らせた
り、ジッパー式の袋に入れて空気を抜き、厚
さを薄くして冷凍するのがおすすめ。
使いたい時には手で折って使うことができて
解凍の手間もかからずに便利です。冷凍庫
で1カ月保存可能です。ザルで濾さずに、煮
た皮や種などと一緒に冷凍すると細胞壁も
壊れて栄養価が増し、うま味もアップします。

Chicken
骨つき鶏肉 × ベジブロス

骨つきの鶏肉で本格的なチキンブイヨンが手軽に作れます。
ベジブロスと組み合わせることで添加物ナシの濃厚だしに！

【材料】作りやすい分量

鶏肉（手羽元）…200g
野菜の皮や根っこなど（よく洗い、水けを切っておく「50℃洗い（P.24 参照）」がベスト！）
…両手いっぱい分
水…1300ml
酒…小さじ1

【作り方】

1 鍋に水と鶏肉を入れる。

2 ①に酒を加えて強火にかける。

3 途中でアクが浮いてきたら取り除き、野菜の皮や根っこを加えて中火にし、30 分ほど煮込みザルで濾す。

備考

※だしを取った鶏肉はそのまま料理に使い、食べることも可能です。
骨つき肉の方がだしがよくでます。手羽元以外でも手羽先や手羽中でも取れます。

保存法

ベジブロス同様に、冷蔵庫で 5 日間。冷凍庫で1 カ月ほど保存可能

骨つき鶏肉 × ベジブロスの取り方はこちら

Fish
魚のアラ × ベジブロス

魚のアラを丸ごと使った魚のうま味溢れるベジブロスです。
野菜と魚の相乗効果で何とも言えない滋味深いだしが取れるのです。

【材料】作りやすい分量
魚のアラ（アジの場合）…2尾分
野菜の皮や根っこなど（よく洗い水けを切っておく）…両手いっぱい分
水…1300ml
酒…小さじ1

【作り方】

1 魚のアラは、50℃洗い（P.24 参照）してドリップを取り除き、キッチンペーパーなどでしっかりと水けを拭く。鍋に水と共に入れる。

2 酒を加えて強火にかけ、アクが浮いたら取り除く。

3 ②に野菜の皮や根っこを入れて中火にし、30分ほど煮込みザルで濾す。

備考

※魚のアラは、白身魚がおすすめです。さんまやいわしなどくせのある青魚は鮮度が良いものでないと臭みがでます。

保存法

ベジブロス同様に、冷蔵庫で5日間。冷凍庫で1カ月ほど保存可能

魚アラ × ベジブロスの取り方はこちら
>>>

ベジブロスの素＋αの食材

「ベジブロスを取るための野菜の皮や種がなかなか集まらない…」
そんな方は、だしがでる素材を使ってうま味をプラスしましょう！
たとえば、昆布、煮干し、干し椎茸など、だしを取る時に使う食材はもちろんですが、
切り干し大根や煎り大豆など乾物も活用できます。特に干し舞茸はうま味も早く出る
ので、とても使いやすい乾物です。香味野菜が少ない場合は、ローリエやドライハー
ブを使えば香りも豊かになります。

野菜の皮や根っこを貯めることで夢中になるより、その日にある野菜を使い、気軽にだしの
でる素材をプラスすれば、ベジブロスはもっと身近になります。体にいいものは、日頃から摂っ
てこそ効果を発揮しますので、ベジブロスを常用することが大切です。

ぜひ、使って欲しい野菜

ズバリ！ 玉ねぎです。玉ねぎのヘタや根っこだけで
はなく、「茶色の皮」には、血液をサラサラにするファ
イトケミカル「ケルセチン」が豊富。抗酸化力の高さ
でも知られています。玉ねぎの皮を入れることで、コ
ンソメスープのような色合いが出るのも魅力です。

ながら取りのススメ

基本のベジブロスの取り方（P.18 参照）をマスターしたら、料理をしながら、同時に
ベジブロスも取れる「ながら取り」も便利です。ステンレス製のザルを使って挑戦して
みましょう。

他にもお茶用パックに野菜の皮や根っこを詰めて、煮込み料理と一緒に、ながら取り
をすればさらに手軽です。

手つきのザルがあると便利です。ベジブロスを取りながら料理をすれば一石二鳥！ 皮や種
を貯める手間も必要ありません。

50℃洗い

50℃洗いは、50℃前後のお湯をためて食材を洗う下処理方法です。
水で洗うより、汚れや雑菌が落ちやすく、ベジブロスに使う皮や根っこも保存性が高まります。理想は、50℃±2℃くらいの温度帯で洗うとよいでしょう。

《正しい計り方》

温度計を使って 50℃を計る方が失敗がありません。50℃の温度を手で体感していくうちに計らなくても次第に慣れていきます。43℃以下の低い温度は雑菌が繁殖する恐れもありますので、温度計を使いましょう。

《肉や魚、加工品にも最適》

50℃洗いは、肉や魚にも活用できますが、動物性タンパク質の場合は、水けをキッチンペーパーなどで拭き取り、すぐに調理をするようにしましょう。
※油を使った加工食品、油揚げ、厚揚げ、焼きそばの麺なども 50℃洗いで酸化した油を落とすことができます。

50℃洗いの
動画はこちら
>>>

野菜のストック方法

ベジブロスで使う野菜の皮や根っこは、50℃洗いをして、水けを切ってからから保存しましょう。ジッパー式の保存袋に入れて貯めていくと清潔に保てます。トマトのヘタ、かぼちゃのワタや種のように水分の多いものは、腐りやすいので別々に保存をし、早めに使い切ること。他にも生の野菜を50℃洗いしてから冷凍保存することで新鮮さを保つことができます。冷凍のまま加熱調理ができるため、すぐにベジブロスに使えて手軽です。

1 50℃洗いしたら水けをよく拭いてジッパー式の保存袋に入れる。

2 できるだけ空気を抜く。手で押すようにすると自然に空気が抜ける。

3 ジッパーをしっかりと留める。冷蔵庫の野菜室に1週間くらい保存可能。

取り扱い注意の野菜

1 色の出る野菜

ビーツの皮や茄子など色の出る野菜をたくさん使用すると、ベジブロスがその野菜の色に染まりやすくなります。カレーやブラウンシチューなど色を気にしない料理には使えますが、料理を選びがち。たくさん入れすぎないようにしましょう。

2 果物の皮

国産の果物は、野菜より農薬の使用率が高いため、残量農薬の心配があります。安全なものを選ぶようにしましょう。果物の皮には、香り成分が多く含まれているので、少量でも香りの効果は大きいです。入れすぎないように気を付けてください。特に輸入の果物の皮には、防カビ剤（OPP/TBZ/イマザリルなど）毒性の高いものが塗られている場合が多いので、ベジブロスには使わないようにしましょう。

3 アブラナ科の野菜

特に、硫黄化合物を多く含むブロッコリーやカリフラワーの大きな茎、キャベツの芯などを大量に使うと臭いが悪くなりますので、入れすぎないように注意しましょう。
硫黄化合物を多く含む野菜は、ニラ、にんにく、エシャロットなども入れすぎると臭いが強烈なベジブロスになりがちなので使用量は加減するようにしましょう。
※いずれの硫黄化合物も毒性はありません。

4 デンプン質の多い野菜

芋類の皮は、デンプンが多く残ります。ベジブロスにとろみがつきやすくなるため入れすぎないようにしましょう。

2章

基本のベジブロス

30年余り改良を重ね続けている王道のベジブロスです。
野菜の皮や種、根っこなどをまるごと煮出して作るため
野菜の優しい甘みが際立ちます。
料理の味をジャマしないため、オールマイティに使える万能だしの大定番！

Vegebroth
ベジブロス

ベジブロスのけんちん汁

野菜だしのベジブロスに野菜を煮込んだ最強のベジスープ！

【材料：2人分】
大根…80g
人参…60g
長ねぎ…1本
舞茸…50g
ベジブロス…600ml
味噌…適量

【作り方】
1) 野菜は、よく洗って皮のまま食べやすい大きさに切る。長ねぎは青い部分を取り分けておき、舞茸はほぐす。
2) 鍋にベジブロスと1)の長ねぎの青い部分以外を入れて火にかけ、野菜がやわらかくなるまで煮たら、味噌を加えて味を調える。
3) 器に盛り、長ねぎの青い部分を散らす。

クリームコーンのスープ

市販の缶詰にベジブロスを加えるだけで味わい深いスープに。

【材料：2人分】
クリームコーン缶…1缶（180g）
ベジブロス…100ml
塩、胡椒…各適量
無調整豆乳…60ml

【作り方】
1）ブレンダーなどにクリームコーンとベジブロスを入れてなめらかにする。
2）鍋に1）を移して火にかけて沸かし、仕上げに豆乳を加えて塩、胡椒で味を調える。

玄米と人参のポタージュ

炊いた玄米ごはんが、ほどよいとろみに仕上げてくれます。

【材料：2人分】

玄米（炊いたもの）…50g

人参…1本

玉ねぎ…1/2個

にんにく…1片

オリーブ油…大さじ1

ベジブロス…400ml

塩、胡椒…各適量

パセリ（刻む）…適量

【作り方】

1) 人参はおろし金などで粗くおろし、玉ねぎは薄切り、にんにくはみじん切りする。

2) 鍋ににんにく、オリーブ油を入れて加熱する。香りが出たら玉ねぎと人参を炒め、塩で下味をつけ、炊いた玄米とベジブロスを加えて蓋をし、強火にかける。

3) 2) が沸いたら弱火にし、20分ほど煮てから火を止め、ハンドミキサーなどでなめらかにする。塩、胡椒で味を調えて器に盛り、最後にパセリを散らす。

枝豆の冷製スープ

豆乳より寄せ豆腐で作る方が断然、コクがでます！

【材料：2人分】
枝豆（茹でたもの）…1 カップ分
寄せ豆腐…80g
ベジブロス…100ml
塩、胡椒…各適量
ディル…適宜

【作り方】
1）枝豆はさやから実を取り出しておく。
2）ミキサーに枝豆、寄せ豆腐、ベジブロスを入れて撹拌する。
3）塩、胡椒で味を調えて器に注ぎ、好みでディルを飾る。

キャベツとじゃがいものスープ

シンプルな組み合わせなのに格別に美味しいのは、ベジブロスの底力。

【材料：2人分】
キャベツ…100g
じゃがいも…2個
ベジブロス…500ml
オリーブ油…適量
塩、胡椒…各適量

【作り方】
1) キャベツは粗めの細切りにしておく。じゃがいもは皮を剥いて乱切りにする。
2) 鍋にオリーブ油を入れて火にかけ、1)を軽く炒める。
3) 2)にベジブロスを加えて沸かし、じゃがいもに火が通ったら、塩、胡椒で味を調える。

れんこんのすり流し汁

れんこんのでんぷん質がとろみを生み、体を温める効果を発揮！

【材料：2人分】

れんこん（すりおろし）…1/2カップ

かぶ（小）…1個

長ねぎ…1/2本

ベジブロス…400ml

淡口醤油…小さじ2

塩…少々

長ねぎ（青い部分）…適宜

【作り方】

1) れんこんはすりおろし、かぶは角切りにする。長ねぎは小口切りにし、青い部分は取り分けておく。

2) 鍋にベジブロスを入れて沸かし、かぶと長ねぎを加えてやわらかくなるまで火にかける。

3) 2)に、すりおろしたれんこんを加えてとろみがつくまで煮たら醤油と塩で味を調える。

4) 器に盛り、長ねぎの青い部分を散らす。

▌油麩の丼ぶり

B級グルメの王様! 仙台の油麩を肉の代わりに。ヘルシーなのに食べ応え十分。

【材料:2人分】
ご飯(炊いたもの)…茶碗2杯分
油麩…6切
玉ねぎ…1/4個
長ねぎ…1/2本
しらたき…1/2袋(100g)
ベジブロス…200ml
濃口醤油、みりん…各大さじ2
溶き卵…2個分

【作り方】
1) 玉ねぎは薄切り、長ねぎは斜め薄切りにし、しらたきは食べやすい長さに切る。
2) 鍋にベジブロスを入れて火にかけ、沸いたら調味料を加えて1)と仙台麩を加えて煮含め、溶き卵を回しかける。
3) 丼ぶりにご飯を盛り、2)の具を上にのせる。

▍いただき（鳥取県郷土料理）

地元のお母さんに教えてもらいました。炊飯器で多めに作り冷凍保存が◎。

【材料：2人分】
白米…200g
油揚げ…4枚
ごぼう…1/2本
人参…1/4本
干し椎茸（戻しておく）…2枚
◎調味液
　ベジブロス…3カップ（600ml）
　醤油…45ml
　酒、みりん、砂糖…各大さじ1

【作り方】
1) 米を研ぎ、浸水させてからザルに上げておく。油揚げは半分に切り、ごぼうは細かいささがきにし、人参と椎茸は細かい角切りにする。
2) ボウルに米と1)の野菜と椎茸を入れて混ぜる。8等分して油揚げに詰め、楊枝で留める。
3) 炊飯器に2)を並べて入れ、調味液を加えたら普通モードで炊く。

┃キムチともやしの炊き込みごはん

キムチとしゃきしゃき大豆もやしの絶妙なコンビネーションです。

【材料：2人分】
白米…2合
油揚げ…1枚
白菜キムチ…150g
大豆もやし…200g（1袋）
◎A
　ベジブロス…360ml
　しろたまり*（P.95 参照）…大さじ1
　塩…適量
　ごま油…大さじ1

【作り方】
1) 米を研ぎ、浸水させてからザルに上げておく。油揚げは細切りにする。
2) 米と油揚げ、キムチ、大豆もやしとAを土鍋に入れ、蓋をしたら強火にかけ、沸騰したら弱火で10分ほど炊く（炊飯器でも可）。
3) 茶碗に盛り、好みで刻んだ大葉をのせても美味しい。

キャベツのサムパフ

ベジブロスでキャベツをさっと下茹でして香りを移すのが裏技！

【材料：2人分】

ベジブロス…適量

塩…適量

キャベツ…6枚

玄米ご飯（赤米入り）…適量

スプラウト…適量

◎サムジャン

　甘酒コチュジャン*…大さじ2

　醤油…大さじ1

　にんにく（すりおろし）…少々

　白すり胡麻…小さじ1

※甘酒コチュジャン（作りやすい分量）
玄米甘酒…250g　韓国唐辛子…40g　豆味噌…100g
料理酒…小さじ2　生姜（すりおろし）…大さじ2

【作り方】

1) 鍋にベジブロスと塩を入れてキャベツを
   さっと茹で、ザルに上げておく。

2) サムジャンの材料をすべてボウルに入れ
   て混ぜ合わせておく。

3) キャベツに炊きたてのご飯、好みの野菜、
   サムジャンをのせて包んで食べる。

※サムパフとは、韓国でサンチュなど数種類の野
　菜にご飯や肉などを包んで食べる料理のことで
　す。

太平燕 (タイピーエン)

熊本県の名物麺をビーフンでアレンジして作ってみました。

【材料：2人分】
豚肉（小間切れ）…80g
白菜…100g
人参…1/4本
長ねぎ…1/2本
シーフードミックス（冷凍）…100g
ビーフン…50g
ごま油…適量
◎スープ
　ベジブロス…300ml
　無調整豆乳…100ml
　淡口醤油、みりん…各大さじ1
塩、胡椒…各適量
茹で卵（半分に切る）…2個

【作り方】
1) 豚肉は食べやすい大きさに切る。白菜はざく切りし、人参と長ねぎは斜め薄切りする。
2) 中華鍋にごま油を入れて豚肉、シーフードミックスを軽く炒めたら野菜を加えて炒める。
3) 2) にスープの材料をすべて入れて沸かし、塩、胡椒で味を調えたらビーフンを加えて蓋をし、やわらかくなるまで煮る。器に盛り、茹で卵をのせる。

冷たいトマトの納豆ぶっかけ麺

冷凍したトマトを氷代わりに。めんつゆはベジブロスが決め手。

【材料：2人分】
うどん（乾麺）…2人分
トマト（中）…2個
納豆…2パック
ベジブロス…250ml
醤油、みりん…各50ml
万能ねぎ、みょうが…各適宜

【作り方】
1) トマトはくし切りにし、冷凍しておく。万能ねぎは刻み、みょうがは薄切りにし、皿に盛る。
2) めんつゆを作る。鍋にベジブロス、醤油、みりんを入れて沸かし、粗熱がとれたら冷蔵庫で冷ましておく。うどんは袋の表示時間通りに茹で、冷水にさらして水けを切る。
3) 器にうどんを盛り、冷凍トマト、納豆をのせて2)のめんつゆをかけ、好みの薬味でいただく。

うどんの豆乳グラタン

米粉で作るホワイトソースは失敗しらず。豆乳にベジブロスを入れたさっぱり系。

【材料：2人分】

うどん（乾麺）…100g

とろけるチーズ…適量

オリーブ油…大さじ1

玉ねぎ…1/2個

にんにく…1片

舞茸…1/2パック

えのき（または、しめじ）…1/2パック

塩、胡椒…各適量

◎ 米粉のホワイトソース

米粉…大さじ4

無調整豆乳…300ml

ベジブロス…100ml

【作り方】

1) きのこ類は、石突があるものは外してほぐす。にんにくはみじん切り、玉ねぎは薄切りにする。うどんは、5cm長さ程度に折り、茹でたら水洗いしてザルに上げておく。

2) フライパンに、にんにくのみじん切りとオリーブ油を入れて火にかけ、焦げないように香りを引き出したら玉ねぎを入れて軽く炒め、きのことうどんを加えて、塩、胡椒で味を調える。

3) ホワイトソースを作る。ボウルに米粉、ベジブロス、豆乳を少しずつ加え、よく混ぜ合わせる。

4) 2) に3) のホワイトソースを入れて弱火で熱し、とろみがついたら火を止める。

5) 4) を耐熱皿に移し、チーズをトッピングしたら200℃に温めておいたオーブンで15分ほど焼く。

きび麺のじゃじゃ麺

高野豆腐と自家製の甘酒じゃじゃソースで肉味噌を超える美味しさ。

【材料：2人分】

きび麺（乾麺）…200g
　　※好みの麺でよい
高野豆腐…2枚
玉ねぎ…1/2個
にんにく…1片
ごま油…大さじ1
◎甘酒じゃじゃソース
　甘酒…大さじ2
　豆味噌…大さじ2
　生姜（すりおろし）…小さじ1
　ベジブロス…100ml
白いり胡麻…適宜
香菜（刻む）…適宜

【作り方】

1) きび麺は茹でて水で洗い、ザルに上げておく。高野豆腐は水で戻して、フードプロセッサーなどで細かくする。玉ねぎ、にんにくはみじん切りにしておく。甘酒じゃじゃソースは、すべて合わせておく。

2) フライパンにごま油とにんにくを入れて火にかけ、香りが出てきたら玉ねぎと高野豆腐を加えて炒める。

3) 2)に甘酒じゃじゃソースを加え、全体の水分がなくなるまで炒める。

4) 水けを切ったきび麺にごま油少々（分量外）を絡ませて皿に盛りつける。上に3)をかけ、好みで胡麻と香菜を散らす。

八宝菜

ベジブロスは味を底上げするのでシンプルな中華料理とも好相性。

【材料：2人分】
海老…4尾
豚肉（好みの部位）…50g
白菜…2枚
茹でたけのこ（小）…1/2個
玉ねぎ…1/2個
人参…1/2本
干し椎茸…2枚
絹さや（茹でる）…4枚
ごま油…適量
ベジブロス…100ml
しろたまり*…大さじ1
片栗粉…大さじ1
塩、胡椒…各適量

【作り方】
1) 海老は背ワタを抜いて殻をむいておく。豚肉は、食べやすい大きさに切る。海老と豚肉はそれぞれ片栗粉少々（分量外）をまぶしておく。野菜は、食べやすい大きさに切り、干し椎茸は水で戻してひと口大に切る。

2) フライパンにごま油を入れて火にかけ、海老と豚肉を炒め、一度取り出しておく。

3) 2) のフライパンに野菜を入れて炒め、火が通ったらベジブロスとしろたまりを加え、水溶き片栗粉でとろみをつける。

4) 3) に 2) の海老と豚肉を戻して塩、胡椒で味を調えたら最後に絹さやを加える。

車麩のフライ

淡白な味の車麩は、ベジブロスで下味をつけてから揚げると絶品です。

【材料：2人分】
車麩…6個
小麦粉、水溶き小麦粉、パン粉…
各適量
揚げ油…適量
水菜、大根、レタスなど（好みの
野菜）…各適宜
ソース、ケチャップ…各適宜
◎調味料
　ベジブロス…200ml
　醤油…大さじ4
　みりん…大さじ2
　生姜…少々

【作り方】
1) 車麩は、水に漬けて戻して水けをよく切り、半分に切る。野菜は、洗って食べやすい大きさに切り、水けをよく切っておく。
2) 鍋に調味料をすべて入れて、1) の車麩を加えて煮含める。
3) 2) の余分な煮汁は絞り、小麦粉、水溶き小麦粉、パン粉の順につけて180℃の油で揚げる。
4) 器に1) の付け合わせの野菜と車麩を盛る。好みでソースやケチャップなどをつけて食べてもおいしい。

カジキの重ね煮

重ねてベジブロスで煮込むだけ！ イタリア料理のアクアパッツアを超える味。

【材料：2人分】

カジキマグロ（切り身）…2切

ミニトマト…1個

じゃがいも…1個

玉ねぎ…1/2個

ピーマン…1個

にんにく…1片

しめじ…1/2袋

ベジブロス…100ml

国産レモン…1/2個

オリーブ油…適量

塩、胡椒…各適量

タイムの枝…2～3本

【作り方】

1) カジキはひと口大に切って塩、胡椒をふる。ミニトマトは輪切り、じゃがいもは皮を剥いて輪切り、玉ねぎ、ピーマンは細切り、にんにくは薄切り、しめじは小房にほぐす。

2) 鍋ににんにくとオリーブ油を入れて火にかけ、香りが出たらカジキと野菜を重ねて入れる。レモンの輪切りとタイムをのせ、ベジブロスを加えて蓋をし、15分ほど煮る。

キャベツのドルマ

ジューシーなキャベツに具だくさんのドルマは主食にも最適です。

【材料：2人分】

キャベツ…6枚

◎詰めもの（具）

米…1/2 カップ

玉ねぎ…1/4 個

松の実…15g

オリーブ油…適量

コリアンダー、クミンパウダー

…各小さじ1

塩、胡椒…各小さじ1

ベジブロス…300ml

レモン汁…大さじ1

【作り方】

1) キャベツは軽く茹でてザルに上げ、冷ましておく。玉ねぎはみじん切りにする。

2) 鍋にオリーブ油を入れて玉ねぎを軽く炒めたら米と松の実を加えてさらに炒め、米が透明になってきたらスパイスと塩、胡椒で味を調える。

3) 1) のキャベツを広げ、2) の詰め物をのせてキャベツの両端をたたみ、細目にしっかりと巻いていく。

4) 鍋に 3) を隙間がないように詰め、ベジブロス、レモン汁を加えて塩少々（分量外）をふり、蓋をする。汁けがなくなるまで 20 分ほど煮る。

5) 器に盛りつけ、好みでオリーブ油少々（分量外）をかける。

※ドルマとは、米や肉などの具材を野菜に詰めて巻いた中央アジアの料理のことです。

和風ラタトゥイユ

世界中で愛されているラタトゥイユを豆味噌とベジブロスで和風味に。

【材料:2人分】
茄子…1本
玉ねぎ…1/2個
人参…1/2本
ズッキーニ…1本
赤パプリカ…1個
エリンギ…2本
オリーブ油…適量
塩、胡椒…各適量
◎豆味噌ソース
　ベジブロス…大さじ2
　豆味噌、みりん…各大さじ2
　黒七味…適量

【作り方】
1) 野菜とエリンギは食べやすい大きさに切る。豆味噌ソースの材料をすべてボウルに入れ、よく混ぜておく。
2) 鍋にオリーブ油を入れて玉ねぎから炒め、しんなりしてきたら野菜とエリンギを硬い順から加えて炒める。
3) 2)の真ん中に1)のソースをおき、蓋をして弱火で15分ほど煮る。まだ水分があるようなら蓋を外して煮含める。

黒酢テンペ

テンペをカリっと揚げて黒酢仕立てにした野菜たっぷりの一皿。

【材料:2人分】

テンペ…1枚

揚げ油…適量

玉ねぎ、赤パプリカ…各1/2個

人参…1/2本

スナップえんどう…5個

カシューナッツ（ロースト）…5個

オリーブ油…適量

塩、胡椒…各少々

◎黒酢あん

　ベジブロス…大さじ2

　黒酢…大さじ2

　醤油、料理酒…各大さじ1

　ひふみ糖、片栗粉…各大さじ1

【作り方】

1) テンペを一口大に切り、多めの油で揚げ
　ておく。玉ねぎはくし切り、人参と赤パ
　プリカは薄切り、スナップえんどうは半
　分に切る。黒酢あんの材料はすべて混ぜ
　合わせておく。

2) フライパンを熱してオリーブ油を入れ、玉
　ねぎを加えて塩少々をし、軽く炒めたら
　他の野菜を加えて炒める。にんじんがや
　わらかくなったら塩、胡椒で味を調える。

3) 1) の黒酢あんの材料を2) に入れてとろ
　みがつくまで加熱し、揚げたテンペとカ
　シューナッツを加えて炒め合わせる。

※テンペとは、バナナの葉に棲むテンペ菌で発酵
　させた東南アジア発祥の大豆製品です。

47

モロッコいんげんのベジブロス煮

インゲン豆の仲間であるモロッコいんげんは、太さが食べ応えを発揮。

【材料：2人分】

モロッコいんげん…200g

トマト…1個

玉ねぎ…1/4個

にんにく（つぶす）…1片

旨塩麹 *…小さじ2

ベジブロス…100ml

オリーブ油…50ml

【作り方】

1) モロッコいんげんはヘタを取り、トマトと玉ねぎはみじん切りする。

2) フライパンににんにくとオリーブ油を入れて火にかけ、香りが出たら玉ねぎとトマトを加えて炒める。

3) 2) にモロッコいんげんとベジブロス、旨塩麹を加えて、蓋をして20分ほど蒸し煮する。

※旨塩麹（作りやすい分量）

米麹（生）…300g　お湯（60℃）…300ml　塩…100g　※乾燥麹の場合はお湯を400mlにする

【作り方】　1) 米麹は手でほぐす。炊飯器に、米麹とお湯を入れて混ぜ合わせる。

2) 蓋をして炊飯器の保温にし、1時間置く（麹をおこす）。

3) ボウルに2) を入れて温かいうちに塩を加え、よく混ぜ合わせれば完成！

※保存する場合は、保存容器に入れて冷蔵庫へ。3カ月以内に使い切ること。

もち麦の麻婆茄子

ひき肉の代わりにもち麦を加えてプチプチ食感に。実そばや高きびもおすすめ。

【材料：2人分】

茄子…2本
もち麦…30g
玉ねぎ…1/2個
ごま油…適量
◎麻婆ソース
　ベジブロス…50ml
　甘酒…大さじ1
　醤油、豆味噌…各大さじ1
　料理酒…少々
ラー油…適量
大葉…2枚
糸唐辛子…適宜

【作り方】

1) 茄子は、くし切りにしておく。玉ねぎは
　みじん切りにする。もち麦はやわらかく
　なるまで茹でてザルに上げて水けを切っ
　ておく。ボウルに麻婆ソースの材料を入
　れ、よく混ぜ合わせる。

2) フライパンにごま油を入れて火にかけ、蓋
　をして茄子を蒸し煮したら取り出しておく。

3) 2) のフライパンにごま油を入れ、玉ねぎ
　を軽く炒めたらもち麦を加えて炒め、1)
　の麻婆ソースと2) の茄子を戻し入れて全
　体にソースをからめ、最後にラー油をか
　ける。

4) 器に盛り、刻んだ大葉と糸唐辛子を散らす。

3種の葉野菜お浸し

ベジブロスメニューの大定番。野菜だしの美味しさが際立ちます。

【材料：2人分】
小松菜…1束
豆苗、水菜…各1/4束
ベジブロス…200ml
淡口醤油、酒…各25ml
塩…少々
白いり胡麻…適宜

【作り方】
1) 葉野菜は、塩茹でして食べやすい長さに切る。
2) 鍋にベジブロスと醤油、酒を入れて塩を加えて味を調えたら、ひと煮立ちさせて粗熱をとっておく。
3) 2)に1)を浸して1時間ほど浸しておく。器に盛りつけ、好みで胡麻をふる。
※保存する場合は、冷蔵庫に入れて2〜3日で食べ切ること。

五目豆煮

いつもの五目豆煮もベジブロスで煮れば、格段に美味しくなります。

【材料：2人分】
茹でた大豆（缶詰可）…150g
昆布（10cm四方程度）…1枚
人参、ごぼう、れんこん…各50g
干し椎茸…2枚
こんにゃく…1/4枚（約50g）
◎A
　ベジブロス…200ml
　酒…大さじ1
　みりん、醤油…各大さじ2

【作り方】
1) 干し椎茸は水で戻しておき、角切りする。昆布は5mm角程度にハサミで切る。人参、ごぼう、れんこんは角切りしておく。こんにゃくは塩茹でして同じくらいの大きさの角切りにする。
2) 鍋に1)の材料とAをすべて入れて強火にかけ、沸いたら蓋をして弱火で20分ほど煮含める。
※保存する場合は、冷蔵庫に入れて1週間程度で食べ切ること。

蒸しキャベツの胡麻和え

簡単な和え物もベジブロスでランクアップ！ 我が家の定番おかずです。

【材料：2人分】
キャベツ…1/8 玉
油揚げ…1/2 枚
白すり胡麻…適量
ベジブロス…大さじ2
◎和え衣
　ベジブロス…大さじ2
　しろたまり*…大さじ1
　味噌…小さじ2
　メイプルシロップ…少々

【作り方】
1) キャベツはざく切りにする。すり鉢に和え衣の材料をすべて入れて混ぜておく。
　　油揚げはトースターなどであぶって、細切りにする。
2) キャベツを鍋に入れてベジブロスを加えて蓋をし、無水煮にする。
3) 1) のすり鉢にキャベツと油揚げを入れて胡麻をふりかけ、全体をよく和える。
※保存する場合は、冷蔵庫に入れて2〜3日で食べ切ること。

白菜のザワークラウト

即席ザワークラウトは発酵時間ナシ！ あと一品ほしい時のお助けレシピ。

【材料：2人分】
白菜（小）…1/2 株
塩…小さじ1
◎マリネ液
　ベジブロス・米酢…各100ml
　砂糖…大さじ2
　クミンシード…適量
　唐辛子（小口切り）…適量

【作り方】
1) 白菜は細切りして、塩をまぶして、しばらく置いておく。
2) 鍋にマリネ液の材料をすべて入れて沸かし、熱いうちに、水けをよく絞った1) を
　　加えて漬ける。粗熱がとれたら冷蔵庫で保存する。
※保存する場合は、冷蔵庫に入れて2〜3日で食べ切ること。

リストランテ アクアパッツア

日髙 良実

Profile ● Hidaka Yoshimi

リストランテ アクアパッツア総料理長。日本の旬の食材を使った本格的なイタリアンの名店。2018年にオーガニックレストラン認証を認定機関リーファースにより取得。2020年にはオーガニックレストランJAS認証を取得し、安全で美味しい野菜へのこだわりも定評あり。2020年30周年を迎える。タカコ ナカムラの人生のパートナーでもある。

https://acqua-pazza.jp/

Q1: ベジブロスは、いつ頃から実践されていますか？ きっかけは何ですか？

1990年のオープン以来、ずっと野菜のブロード（ベジブロスのこと）は使っています。家庭でも気づかないときもありますが、日々、食べてきたのだと思います。

Q2: ベジブロスの「基本の取り方」と「ポイント」を教えてください。

野菜の皮や根っこを水から弱火で20分煮て、20分放置して濾します。日々、トマトは湯むきするため、トマトの皮は必ず入れるようにしています。トマトを入れると味もよくなりますね。

Q3: ベジブロスのよさは、どのような点でしょうか？

オールマイティーに使えることです。

Q4: 貴店で出されているベジブロスの人気メニューは何ですか？

「素材を生かすイタリア料理」をコンセプトとしてメニューを作ってきたので、素材を邪魔しないだしとしていろいろな料理に使っています。「有機野菜のミネストローネ」は定番で人気があります。

Q5: 人気メニューの中から最もおすすめの定番料理を1点教えてください。

ローマの郷土料理「ストラッチャテーラ」です。日本語で「ストラッチャ」はボロ布という意味。沸かしたベジブロスに割りほぐした卵とチーズを加え、混ぜながらそぼろ状にします。それがボロ布に見えるのでしょう。

3章

鶏ベジブロス
― 骨つき鶏肉 × ベジブロス ―

肉でだしを取るなら、やはり骨付きの鶏肉がおすすめです。
本来は、鶏ガラを使うのがベストですが、
骨付きであれば手羽元や手羽先でもオッケー！
手軽にうま味たっぷりのチキンブイヨンが作れます。
コクを出したい料理に最適です。

Chicken
骨つき鶏肉

Vegebroth
ベジブロス

▌キヌア入りミネストローネ

アンデス地方のスーパーフード「キヌア」をスープに加えると
栄養バランスがよくなります。

【材料：2人分】

キヌア…大さじ2

玉ねぎ…1/2個

人参…1/4本

セロリ…50g

ズッキーニ…1/2本

トマト…2個

鶏ベジブロス…400ml

にんにく（みじん切り）…1片

オリーブ油…適量

【作り方】

1）キヌアは洗ってザルに上げ、水けを切っ
ておく。玉ねぎ、人参、セロリ、ズッキー
ニは角切りし、トマトはざく切りにする。

2）鍋にオリーブ油とにんにくを入れて火に
かけ、香りが出てきたら、玉ねぎを炒め、
他の野菜も炒める。鶏ベジブロス、キヌ
アを加えて蓋をし、15分ほど煮る。

3）塩、胡椒で味を調え、器に盛りつける。

鶏肉の春雨スープ

春雨の主な原料は緑豆で日本特有の呼び方です。
細い透明な様が春の雨に見えることから命名されたそうです。

【材料：2人分】

鶏ささみ…2本
春雨（乾燥）…40g
玉ねぎ…1/4個
もやし…100g
鶏ベジブロス…800ml
ナンプラー…大さじ1
塩、胡椒…各適量
香菜、白すり胡麻、ラー油…各適宜

【作り方】

1) 玉ねぎは細切りし、ささみはそぎ切りする。春雨は水で戻してザルに上げておく。

2) 鍋に鶏ベジブロスを入れて火にかけ、玉ねぎ、ささみを加えて鶏肉の色が変わるまで煮たら春雨、もやしを入れてひと煮立ちさせ、ナンプラーと塩、胡椒で味を調える。

3) 器に盛り、好みで香菜、胡麻を散らし、ラー油を回しかける。

じゃがいも韓国風ピリ辛スープ

韓国唐辛子は辛いだけではなく、うま味もあるため、
日本の唐辛子では代用しないように。豆味噌との相性も抜群。

【材料：2人分】
じゃがいも…1個
しめじ…1/2 パック
油揚げ…1 枚
鶏ベジブロス…400ml
◎ヤンニョム
　韓国粉唐辛子…大さじ 1/2
　豆味噌…大さじ 1
　米粉…大さじ 1
　醤油…大さじ 1/2
　にんにく（すりおろし）…少々
長ねぎ（青い部分）…適量

【作り方】
1）じゃがいもはくし切りし、しめじは石突
　を外して、ほぐす。油揚げは短柵に切っ
　ておく。ヤンニョムの材料はすべて合わ
　せておく。
2）鍋に鶏ベジブロスを入れて火にかけ、じゃ
　がいも、しめじ、油揚げを加えて、じゃ
　がいもがやわらかくなったら、ヤンニョ
　ムを加えてとろみがつくまで煮る。
3）器に盛り、刻んだ長ねぎをのせる。

ワンタンスープ

ワンタンの皮は上手に包もうとせず、中に具を入れてたたむ程度でOKです。

【材料：2人分】

豚ひき肉…50g

長ねぎ…1/2本

生姜（すりおろし）…少々

ワンタンの皮…10枚

塩、胡椒…各適量

◎スープ

鶏ベジブロス…800ml

ナンプラー…大さじ1

ブロッコリースプラウト…適量

白すり胡麻、ごま油…各適量

【作り方】

1) 長ねぎは、みじん切りにする。ボウルに豚ひき肉、長ねぎ、生姜を入れて粘りが出るまで混ぜ、塩、胡椒で味を調えて具を作る。

2) 1) の具を少量ずつワンタンの皮に包む。

3) 鍋に鶏ベジブロスを入れて火にかけ、沸いたら2) のワンタンを加えて火を通し、ナンプラーで味を調える。

4) 器に盛り、白すり胡麻を散らし、ブロッコリースプラウトをのせ、ごま油を回しかける。

▌鶏飯

奄美大島の郷土料理もベジブロスで。野菜は青パパイヤなどを使うと島風に。

【材料：2人分】
ご飯（炊いたもの）…茶碗2杯分
鶏ささみ…100g
卵…2個
ごま油…適量
干し椎茸…2枚
たくあん…適量
甘酢しょうが…適量
絹さや…3枚
鶏ベジブロス…300ml
淡口醤油…小さじ2
塩…適量
白すり胡麻…適量

【作り方】
1) 干し椎茸は、ひと晩水に浸けて冷蔵庫で戻しておき、細く刻んで、戻し汁と醤油、みりん（分量外）で甘辛く煮る。たくあんは細切りする。絹さやは軽く茹でて冷まし、細切りしておく。
2) 卵は割りほぐし、塩（分量外）を入れて、フライパンにごま油を入れて焼き、錦糸卵をつくっておく。
3) 鍋にお湯を沸かし、ささみをそぎ切りして茹でておく。
4) 鍋に鶏ベジブロスを入れて沸かし、醤油を入れて、塩で味を調える。
5) 器に炊いたご飯をよそい、ささみ、たくあん、椎茸、甘酢しょうがと絹さや、白すり胡麻をのせて、熱々の4) をかけていただく。

▎味噌ハヤシライス

ハヤシライスの味を忘れてしまうほど、我が家のハヤシは豆味噌仕上げ。

【材料：2人分】

雑穀ご飯…茶碗2杯分
豚肉（こまぎれ）…100g
玉ねぎ…1/2個
トマト缶…1/2缶
人参…1/2本
にんにく…1片
オリーブ油…適量
鶏ベジブロス…400ml
豆味噌…大さじ3
塩・胡椒…各適量
ナツメグ…少々
パセリ（刻む）…適量

【作り方】

1) にんにくはみじん切りにし、玉ねぎ、人参はスライスしておく。米を研ぎ、浸水させて、雑穀を入れて炊いておく。

2) 鍋にオリーブ油とにんにくを入れて香りが出てきたら、玉ねぎを加え炒める。人参を入れて炒めた後、肉を加えさらに炒める。

3) 2) に鶏ベジブロスとトマト缶を入れて蓋をして野菜がやわらかくなるまで煮る。

4) 3) に豆味噌を入れて、ナツメグ、塩、胡椒で味を調える。

5) 器に 1) の雑穀ご飯を盛り、4) をかけ、パセリを散らす。

とろろ入りつけ蕎麦

鴨南蛮そばの味をイメージしてつけダレを工夫してみました。

【材料：2人分】

蕎麦…2束

◎つけだれ

油揚げ…1/2枚

長ねぎ…1/2本

えのき…1/2パック

長芋…150g

鶏ベジブロス…350ml

醤油、みりん…各60ml

わさび、刻みねぎ、刻み海苔

…各適宜

【作り方】

1) 長ねぎは小口切りし、えのきは半分に切っておく。長芋は皮をむいてすりおろしておく。油揚げは細切りする。

2) 鍋に鶏ベジブロス、醤油、みりんを入れて火にかけ、長ねぎ、えのき、油揚げを入れて煮る。長芋も入れてとろみをつける。

3) 蕎麦は、袋の表示時間通り茹でて、冷水にさらして水けを切っておく。

4) 好みで薬味を添え、熱々のつけだれに蕎麦をつけながらいただく。

┃ちゃんぽん

彩のキレイなかまぼこやあさりを使うのが長崎風。
母の故郷の味を思い出します。

【材料：2人分】

中華麺…2玉

豚肉（小間切れ）…50g

かまぼこ…30g

シーフードミックス…100g

長ねぎ…1/2本

人参…1/4本

キャベツ…2枚

もやし…30g

ごま油…適量

◎スープ

鶏ベジブロス…800ml

白胡麻ペースト…大さじ4

淡口醤油…大さじ1

塩、胡椒…各適量

【作り方】

1) かまぼこは薄切りし、長ねぎ、人参は斜め薄切りする。キャベツはざく切りしておく。

2) 中華鍋にごま油を入れて、肉を炒めたら、野菜、かまぼこ、シーフードミックスを炒める。塩、胡椒（分量外）で下味をつける。

3) 2) に鶏ベジブロスと麺を入れて、スープの調味料を加え、混ぜながら煮溶かす。塩、胡椒で味を調える。

棒棒鶏（バンバンジー）

鶏肉の調理は、低温蒸しに限ります。
特別な道具がなくてもできる方法を日々考案中です。

【材料：2人分】
鶏むね肉…1枚
きゅうり…1本
生姜…適量
長ねぎ…1本
酒…大さじ1
◎ソース
　白胡麻ペースト…大さじ1
　米酢…大さじ1
　鶏ベジブロス…大さじ2
　醤油…大さじ1
　にんにく、生姜（すりおろし）
　…各適量
　ラー油（お好みで）少々

【作り方】
1) 鶏肉の厚いところは包丁で切りひらいて
　おく。鍋にお湯1リットル程度を入れ沸
　かし、薄切りした生姜、長ねぎの青い部
　分、酒を入れる。鶏肉を入れたら強火で
　5分蒸して、火を止めて20分蒸らす。
2) 残りの長ねぎの白い部分はみじん切りし
　ておく。すり鉢にソースの材料と長ねぎ
　を入れてよく混ぜる。
3) 1) の鶏肉は手で裂いて、きゅうりは縦
　に細切りしておく。鶏肉ときゅうりを器
　に盛り付けて、ソースをかける。

スペアリブのビネガー煮

豚肉とベリー系フルーツの相性が良いです。ベジブロスでさらにうま味アップ。

【材料：2人分】
豚スペアリブ…600g
玉ねぎ…1個
ブロッコリー（茹でたもの）…適量
◎煮汁
　鶏ベジブロス…400ml
　カシスジャム…100g
　醤油…50ml
　みりん…大さじ1
　砂糖…大さじ2

【作り方】
1) フッ素樹脂のフライパンを温め、豚スペアリブの両面をこんがり焼いておく。
2) 玉ねぎは、大きめのくし切りしておく。
3) 鍋に豚スペアリブ、玉ねぎと煮汁の材料を入れて弱火で煮る。水分がなくなったら器に盛りつけて、ブロッコリーをあしらう。

海老と豆腐の葛あんかけ

本葛はカラダを温める作用があり、料理が冷めにくくなり、
喉越しもよくなります。

【材料：2人分】

むき海老…60g

豆腐…1/2丁

えのき、しめじ…各50g

生姜（千切り）…適量

万能ねぎ（刻む）…適量

鶏ベジブロス…300ml

酒…大さじ1

しろたまり＊…大さじ1

ごま油…少々

胡椒…適量

本葛粉…大さじ1（水で溶いておく）

【作り方】

1) しめじは小房にほぐし、えのきは半分く
   らいの長さに切っておく。

2) 鍋に鶏ベジブロスと酒を入れて沸かし、
   きのこ、むき海老、生姜を加える。

3) 2)に調味料を入れて、豆腐を食べやす
   い大きさに切り、入れる。本葛を水で溶
   かしたものを加えとろみをつける。器に
   盛りつけて、万能ねぎをのせる。

けんちょう煮（建長）

山口県の郷土料理のけんちょうは、家庭料理の定番メニューです。

【材料：2人分】

大根…1/4 本（150g）

玉ねぎ…1/2 個

人参…50g

もめん豆腐…1 丁

ごま油…適宜

鶏ベジブロス…大さじ2

淡口醤油…大さじ2

みりん…大さじ1

かいわれ大根…適宜

【作り方】

1) 大根、人参は、薄く拍子切りする。玉ねぎはスライスする。

2) 鍋にごま油を入れ、玉ねぎから野菜を炒める。豆腐を手で砕きながら入れる。

3) 鶏ベジブロス、醤油、みりんを入れて蓋をし、強火にして沸騰したら弱火で10分煮る。

4) 煮汁がなくなったら、器に盛り付け、かいわれ大根をのせる。

みそ揚げ（約15個）

山形県の郷土料理。味噌仕込みに通う白鷹町のすずき味噌店で教えてもらいました。

【材料：2人分】
白玉粉…60g
小麦粉…30g
砂糖…30g
味噌…30g
くるみ…25g
鶏ベジブロス…50ml
揚げ油…適量

【作り方】
1) くるみは刻んでおく。ボウルに白玉粉、小麦粉、砂糖、味噌を入れ、鶏ベジブロスを注いで手で混ぜる。
2) くるみを入れて、耳たぶ程度の固さになるまでこねる。
3) ひと口サイズにまるめ、180℃の油で揚げる。

ミートボール

うま味たっぷりのミートボールは、甘酢あんをかけて弁当にも便利。

【材料：2人分】
合いびき肉…200g
玉ねぎ…1/2個
パン粉…10g
豆乳…大さじ2
塩…小さじ1/2
胡椒…適量
揚げ油…適量
片栗粉…適量

◎甘酢あん
鶏ベジブロス…300ml
砂糖…大さじ3
米酢…大さじ3
醤油…大さじ1
片栗粉…適量

【作り方】
1) 玉ねぎはみじん切りする。パン粉は豆乳を加えふやかしておく。
2) ボウルに1) とひき肉を入れて、塩、胡椒を加えよく練り、小さくまるめ片栗粉をまぶす。
3) 2) を揚げ油で揚げる。甘酢あんの材料を鍋に入れてひと煮たちさせ、水溶き片栗粉でとろみをつける。ミートボールを入れて甘酢をからませる。

梅干しの鶏そぼろ

そぼろに梅干しを使うと、ボソボソ感がなくなり、しっとりします。

【材料：2人分】
鶏ひき肉（胸肉）…200g
梅干し…2個
鶏ベジブロス…200ml
醤油…大さじ3
みりん…大さじ1
砂糖…大さじ1
酒…大さじ2
生姜のすりおろし…少々

【作り方】

1) 梅干しは種を取り出し、叩いておく。鍋を火にかけ、材料を全部入れてかき混ぜる。

2) かき混ぜながら煎り煮し、汁けがなくなるまで煮る。

ジャガきんぴら

こちらも我が家のおかず不足のときの定番メニュー。簡単、早い。

【材料：2人分】
新じゃがいも…2個
ごま油…適量
鶏ベジブロス…30ml
淡口醤油…大さじ1
みりん…大さじ1
酒…大さじ1
米酢…大さじ1
糸唐辛子…適量

【作り方】

1) じゃがいもは皮をむいて細切りし、水にさらしておく。

2) フライパンにごま油を入れて、水切りしたじゃがいもを弱火で炒める。

3) 鶏ベジブロスと醤油、米酢、酒、みりんを入れて汁けがなくなるまで炒める。器に盛り付け糸唐辛子をのせる。

VOICE ❷ 専門家の声

一灯 店主

長田 勇久

Profile ● Osada Hayahisa

大学卒業後、東京「つきぢ田村」に
て修業。地元の食材を使った料理を
提供し、生産者との交流を深め、食
文化の発信に尽力。最先端の調理
法、真空調理や低温調理もいち早く
取り入れており、真空調理のパイオ
ニアでもある。
ホールフード協会主催の「和食のい
ろは講座」で講師も担当。タカコナ
カムラの尊敬する和食の料理人の
ひとり。

Q1: ベジブロスは、いつ頃から実践されていま
すか？ きっかけは何ですか？

15年程前より、当時はベジブロスというより、
野菜だしとしてですが、精進料理を頼まれて
作ることがあり、料理のバリエーションを広
げるために使い始めました。

Q2: ベジブロスの「基本の取り方」と
「ポイント」を教えてください。

基本的にいろんな野菜の皮などを合わせて
煮だしています。ポイントとしては、どのよう
なだしを取りたいのかをイメージすること
と、あまり癖の強いものを入れすぎないよう
にしています。それからうちではうま味を下
支えしてくれるので昆布も入れています。

Q3: ベジブロスのよさは、
どのような点でしょうか？

野菜の持っている個性やうま味などは、皮
や種のところに多くあります。それをあます
ことなく取り出せることです。それから、野
菜から取っただしとして、宗教上の理由にと
らわれる事なく、料理に使えるところです。

Q4: 貴店で出されているベジブロスの
人気メニューは何ですか？

精進料理によく使いますが、それだけでは
なく、炊き込みご飯や麺つゆ、肉や魚を使っ
たサラダ（酢のもの）にかけるジュレ。醤油に
合わせて野菜だし醤油など。色々とバリエー
ションが多くなってきました。

Q5: 人気メニューの中から
最もおすすめの定番料理を
1点教えてください。

「煮穴子と白身魚の昆布締め」です。優し
い野菜のうま味が味を支えてくれます。

http://www.katch.ne.jp/~kobanten/kobanten08.html

4章

魚ベジブロス
― 魚のアラ × ベジブロス ―

魚のアラとベジブロスをミックスした滋味あふれる味わいです。
ここでは白身魚を使っていますが、海老やカニなどを殻ごと使っただしも◎
ほんのり味に深みが欲しい料理に便利です。

Fish
魚のアラ

Vegebroth
ベジブロス

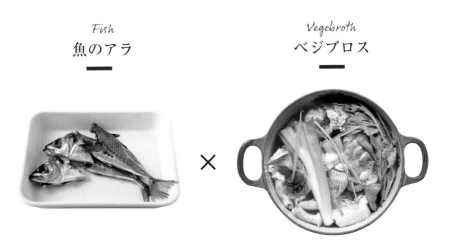

×

魚のアクアスープ

たっぷり野菜に、魚をひと切れ入れるとうんとコクがでて素敵なひと皿になります。

【材料：2人分】

白身魚（すずき）…2切

魚ベジブロス…600ml

玉ねぎ…1/4個

トマト…1個

人参…1/4本

じゃがいも…1個

ローリエ…1枚

塩、胡椒…各適量

ディルの葉…適宜

オリーブ油…適量

【作り方】

1) 野菜は、すべてさいの目に切っておく。魚はひと口大に切る。

2) 鍋にオリーブ油を入れて玉ねぎを炒め、透明になったら他の野菜も加えて炒める。

3) 2)に魚ベジブロス、白身魚、ローリエを加えて15分ほど煮込む。

4) 塩、胡椒で味を調えたら器に盛り、好みでディルの葉を散らす。

あさりの酒粕チャウダー

クラムチャウダーに酒粕を入れるとより温まります。豆乳との相性もいい。

【材料：2人分】

あさり（砂出ししたもの）…200g
玉ねぎ…1/2 個
人参…1/2 本
じゃがいも…1 個
魚ベジブロス…2 カップ
料理酒…小さじ 1
豆乳…100ml
酒粕…10g
オリーブ油…大さじ 1
塩、胡椒…各適量
パセリ…適宜

【作り方】

1) あさりは、殻の汚れをこすり洗いする。玉ねぎは薄切り、じゃがいも、人参は角切りにする。

2) 鍋にあさり、魚ベジブロスと料理酒を入れて蓋をし、蒸し煮する。あさりの口が開いたら火を止める。ボウルにザルを重ね、キッチンペーパーなどでスープを濾す（あさりは身だけ取っておく）。

3) 鍋にオリーブ油を入れて火にかけ、玉ねぎ、じゃがいも、にんじんの順に炒めて塩、胡椒で下味をつける。

4) 2) のスープと酒粕を 3) に入れて火にかけ、酒粕を溶かして蓋をする。野菜がやわらかくなるまで煮たら、あさり、豆乳を加えて塩、胡椒で味を調える。器に盛り、パセリをのせる。

もずく入りきのこの酸辣湯（サンラータン）

市販品のもずく酢は、スープやヌードルの素として便利です。

【材料：2人分】
もずく酢（市販品）…2パック（160g）
しめじ…50g
生姜…1片
かいわれ大根…適量
鶏むね肉…50g
魚ベジブロス…300ml
塩…適量

【作り方】
1）しめじはほぐしておく。生姜は細切り、鶏肉はひと口大に切る。
2）鍋に魚ベジブロスを入れて沸かし、もずく酢、鶏肉、しめじ、生姜を加えて煮る。鶏肉に火が通ったら塩で味を調える。
3）器に盛り、かいわれ大根をのせる。好みで仕上げにラー油を足す。

■ オクラとトマトのスープ

刻んだ青唐辛子を入れることで、ピリッとパンチが効き、味わいアップ。

【材料：2人分】

オクラ…4本

トマト…1個

玉ねぎ…1/4個

青唐辛子…1/2本

にんにく…1片

オリーブ油…適量

魚ベジブロス…400ml

ナンプラー…大さじ1

塩、胡椒…各適量

【作り方】

1) オクラは小口切り、トマトはざく切り、玉ねぎはくし切り、にんにくと青唐辛子はみじん切りにする。

2) 鍋にオリーブ油とにんにく、青唐辛子を入れて火にかけ、香りが出たら玉ねぎ、トマトをさっと炒めて魚ベジブロスを加え、蓋をして煮る。

3) 2) に火が通ったらナンプラーと塩、胡椒で味を調え、仕上げにオクラを散らす。

ツナとカシューナッツの炊き込みご飯

ツナ缶の炊き込みご飯の技は、使えます。
ナッツや野菜の組み合わせを変えるのもおすすめです。

【材料：2人分】
白米…2合
ツナ缶（油漬けタイプ）…85g
カシューナッツ（ロースト）…60g
とうもろこし…1/2本
しろたまり*、みりん…各大さじ2
酒…大1
塩…小1/4
魚ベジブロス…炊飯器2合分の規定量

【作り方】
1) 米は研ぎ、浸水させてからザルに上げて
   おく。とうもろこしは実を包丁で削ぎ落
   としておく。
2) 炊飯器に1)の米と魚ベジブロスを規定
   量まで注ぎ、油を軽く切ったツナ、カ
   シューナッツ、とうもろこし、調味料を
   加えて普通モードで炊く。
3) 炊き上ったら混ぜて器に盛る。好みでパ
   セリをのせても美味しい。

ドライトマトの炊き込みご飯

ミニトマトよりも、やっぱりドライトマトの方がうま味がありますね。

【材料：2人分】
白米…2合
魚ベジブロス…360ml
ドライトマト…25g
オレガノ（粉末）…小さじ2
しろたまり *…小さじ2
塩…小さじ1
イタリアンパセリ…適量

【作り方】
1) 米を研ぎ、浸水させてからザルに上げて
   おく。ドライトマトは大きい場合は食べ
   やすく切る。
2) 鍋に米と魚ベジブロス、ドライトマト、
   調味料、ハーブを入れて混ぜる。蓋をし
   て、強火にかけ、沸騰したら弱火で10
   分炊く。
3) 炊き上ったら混ぜて器に盛り、イタリア
   ンパセリをのせる。

あさりのフォー

あさりも缶詰なら年中、使うことができますね。

【材料：2人分】

魚ベジブロス…600ml

フォー…100g

あさり缶詰…1缶（130g）

長ねぎ…1/2本

もやし…50g

にんにく、しょうが…各少々

ナンプラー…大さじ1

塩、胡椒…各適量

香菜、白すり胡麻…各適量

ごま油…適量

【作り方】

1) フォーはお湯で戻しておく。長ねぎは細切り、にんにくはつぶし、生姜は細切りする。もやしは洗って水けを切っておく。

2) 鍋にごま油を入れて、にんにくと生姜を入れて火にかけ、香りが出たら長ねぎ、もやしを加えて軽く炒める。魚ベジブロスと缶詰のあさりを汁ごと入れて煮る。野菜に火が通ったらナンプラーと塩、胡椒で味を調え、フォーを加えてひと煮立ちさせる。

3) 器に盛り、胡麻を散らし、刻んだ香菜をのせる。

カレーうどん

カレーうどんは、ベジブロスとカレー粉さえあれば簡単。とろみは米粉で。

【材料：2人分】
うどん（茹でたもの）…2玉分
人参…50g
玉ねぎ…1/2個
しめじ…1/2パック
油揚げ…1枚
長ねぎ…1/2本
魚ベジブロス…800ml
淡口醬油…大さじ1
塩…小さじ1
カレー粉…小さじ2
米粉…大さじ2
長ねぎの青い部分（刻む）…適宜

【作り方】
1) 人参は薄切り、玉ねぎはくし切り、長ねぎは斜め切りし、油揚げは短冊切りにし、しめじは石突を外して小房にほぐす。
2) 鍋に魚ベジブロスを入れて、1) を加えて火にかける。
3) 2) の野菜がやわらかくなったらカレー粉と醬油、塩で味を調える。米粉を加え、とろみをつける。
4) 器に温めたうどんを入れ、3) をかける。好みで長ねぎを散らす。

ハタハタの南蛮漬け

干物だと下処理が簡単で、揚げ物も楽チンです。

【材料：2人分】

ハタハタ（生干し）…6尾

玉ねぎ…1/4個

人参…1/8本

みょうが…1個

◎南蛮酢

　魚ベジブロス、米酢…各50ml

　砂糖…大さじ1

　醬油…大さじ1/2

揚げ油…適量

輪切り唐辛子、国産レモン…各適宜

【作り方】

1) 玉ねぎ、人参、みょうがは細切りする。

2) 鍋に南蛮酢の材料をすべて入れて火にかけ、砂糖を溶かしておく。

3) ハタハタは170℃の油で素揚げし、余分な脂を切ったら器に盛る。

4) 3)の上に1)の野菜をのせ、熱いうちに2)の南蛮酢をかける。好みで唐辛子とレモンのいちょう切りを飾る。

大根ステーキ

大根の下茹でをしっかりすると味が染み込みやすくなり、
バルサミコ酢が生きます。

【材料：2人分】
大根（1cm厚さの輪切り）…4切れ
米の研ぎ汁…適量
魚ベジブロス…400ml
◎A
　酒、しろたまり*…各小さじ1
　塩…少々
◎ソース
　バルサミコ酢…大さじ2
　醤油、メイプルシロップ…各小さじ2
オリーブ油…適量
バジルの葉…適宜

【作り方】
1) 鍋に大根と米の研ぎ汁を入れて下茹でしておく。
2) 別鍋に魚ベジブロスとAの調味料、1)の大根を入れてやわらかくなるまで煮たら、大根の水けをしっかり拭きとる。
3) フライパンにオリーブ油を入れて熱し、2)の大根をソテーして皿に盛る。
4) ソースの材料をすべてフライパンに入れ、とろみがつくまで加熱したら3)の大根にかける。好みでバジルの葉をのせる。

鮭の焼き漬け

新潟県の郷土料理もベジブロスで簡単クック。

【材料：2人分】
生鮭（切り身）…2切れ
◎マリネ液
　魚ベジブロス…200ml
　醤油、みりん…各大さじ2
　酒…大さじ1
　生姜（薄切り）…適量

【作り方】
1）鮭は食べやすい大きさに切り、魚グリルなどで焼く。
2）鍋にマリネ液の材料をすべて入れて沸かし、粗熱をとっておく。
3）1）の鮭が熱いうちに、2）に30分以上浸す。味がなじんだら器に盛る。

かつおの自家製ツナ風マリネ

ツナはまぐろですが、かつおの柵で作ると安価で簡単。おつまみにもオススメ。

【材料：2人分】
かつおの柵…500g
料理酒…適量
旨塩麹（P.48 参照）…大さじ 1
◎マリネ液
　魚ベジブロス…1 L
　にんにく（つぶす）…3 片
　白ワイン…100ml
　タイム枝…適量
　ディル…適量
　唐辛子…1 本
オリーブ油…適宜

【作り方】
1) かつおに料理酒をかけ、旨塩麹を塗って
　おく。
2) 鍋にマリネ液の材料をすべて入れて火に
　かけ、ひと煮立ちさせる。1) のかつお
　を加えて蓋をし、弱火で10分ほど煮た
　ら鍋に入れたまま冷ます。
3) 保存する場合は、かつおだけ保存容器に
　入れてオリーブ油をひたひたになるまで
　注ぐ。冷蔵庫で1週間ほど保存可能。

たこときゅうりの酢の物

酢の物にもベジブロスを使うと酸味がマイルドに。

【材料：2人分】
茹でたこ（刺身用）…50g
きゅうり…1本
生わかめ…20g
◎A
　魚ベジブロス…大さじ2
　米酢…大さじ1
　淡口醤油…小さじ1
　みりん…小さじ1

【作り方】
1) たこは薄切りにする。きゅうりは輪切りにし塩少々（分量外）でもんで、水けを出したら絞る。わかめは食べやすい大きさに切る。
2) 鍋にAの材料をすべて入れ、ひと煮立ちさせたら粗熱をとっておく。
3) たことわかめ、きゅうりを和えて器に盛り、2) をかける。

ベトナム風なます

ベトナムのサンドイッチ「バインミー」の必須アイテムです。

【材料：2人分】
大根…100g
人参…40g
塩…少々
◎マリネ液
　魚ベジブロス…30ml
　米酢…30ml
　砂糖…大さじ1
香菜（刻む）、白いり胡麻…各適量

【作り方】
1) 大根、人参はそれぞれ千切りにして、塩をふってしばらくおく。
2) マリネ液の材料は、すべてボウルに入れてよく混ぜ砂糖を溶かす。
3) 1) の大根と人参は水けをしっかり絞り、2) に入れて10分ほど漬け込んだら器に盛り、胡麻と香菜を散らす。

ひじきの煮物

和食のおばんざいにもベジブロスが大活躍。

【材料：2人分】
ちくわ…1/2 本
ひじき（乾燥）…5g
人参…50g
油揚げ…1/2 枚
魚ベジブロス…100ml
醤油…大さじ1
みりん…大さじ2
酒、砂糖…各大さじ1
オリーブ油…適量

【作り方】
1) ひじきは水で戻しておく。ちくわは斜めの輪切りにし、人参、油揚げは千切りにする。
2) 鍋にオリーブ油を入れてひじきを炒め、人参、油揚げ、ちくわ、魚ベジブロスと調味料を加え蓋をし、15分ほど煮る。器に盛りつける。

たけのこと山椒の煮物

野菜同士だからベジブロスとの相性も抜群。

【材料：2人分】
たけのこ（水煮）…200g
実山椒…適量
油揚げ…1 枚
魚ベジブロス…200ml
淡口醤油…大さじ1
みりん…大さじ1
木の芽…適量

【作り方】
1) たけのこは、根元はいちょう切りにし、穂先は食べやすい大きさに切る。油揚げは短冊切りする。
2) 鍋に魚ベジブロスとたけのこ、油揚げを入れて蓋をして15分ほど煮る。
3) 醤油、みりんで味をつけ、実山椒を入れて5分ほど煮る。冷ましてから器に盛りつけて木の芽を飾る。

ベジブロスのめんつゆ

ベジブロスのめんつゆをベースとして、お好みで追い鰹しても美味しいです。

【材料】つくりやすい量
ベジブロス…400ml
かえし*…100ml
みりん酒*…100ml

【作り方】
鍋に材料をすべて入れてひと煮立ちさせて、冷まして完成。冷蔵庫で2週間程度保存。

かえしは、醤油と砂糖を10：3の割合で混ぜて、1週間置いたもの。常備しておくと便利です。保存は室温で1カ月。
みりん酒は、みりんと酒を2：1の割合で鍋に入れて火にかけアルコールを飛ばしたもの。料理の際、煮きる必要がないので、常備しておくと便利です。

練り胡麻ベジだれ

蒸し鶏、和え物、アジア風サラダに万能です。

【材料】つくりやすい量
白胡麻ペースト…大さじ3
ベジブロス…大さじ2
醤油、米酢、砂糖…各大さじ1

【作り方】
材料をすべて混ぜ合わせる。

84

VOICE ❸ 専門家の声

食品ジャーナリスト
一般社団法人
加工食品診断士協会　代表理事

安部　司

Profile ● Abe Tsukasa

1951年福岡市生まれ。
山口大学文理学部化学科卒業後、総合商社食品課に勤務。退職後、加工食品の開発や食品の開発輸入に携わる。「食品の裏側」（東洋経済新報社）は中国、台湾、韓国でも翻訳出版され、70万部を突破。一般社団法人加工食品診断士協会の代表理事。新刊「安全な食品の選び方」（祥伝社）他、多数出版。

Q. ベジブロスの優れた点を教えてください

　食品添加物を使って様々な食品を作ってきた私ですが、本物の「おいしい」という意味を伝えたいと思って活動をしてきました。その中で、料理でうま味を出すには、「前味」「中味」「後味」の3つの特性とその作り方が重要だということです。

　「前味」は、口へ入れた瞬間、最初に感じるうま味のこと。味の特徴としては、昆布や醤油などのさっぱり系です。「後味」は、食べた後に口の中に残る濃い味わいです。鶏のガラや肉類ブイヨン、魚介類などの動物性のうま味が主流になります。

　特に重要なのは「中味」です。「中味」は、野菜を煮込んだことで生まれる味で、「前味」「後味」との相乗効果となります。優れたバランスのとれたうま味が広がるのが特徴です。「前味」や「後味」のように強いインパクトはなくとも、緩やかなうま味曲線を描いて、味を調えるのが中味なのです。この3つのバランスが、人間が食べておいしいと感じるうま味を決めます。そのため、うま味カーブ（下記参照）

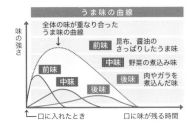

うま味の曲線

全体の味が重なり合った
うま味の曲線

味の強さ

前味　昆布、醤油のさっぱりしたうま味

中味　野菜の煮込み味

後味　肉やガラを煮込んだ味

前味

中味

後味

口に入れたとき　　口に味が残る時間

が重なり合い、曲線がなだらかになるのがベストです。言い換えれば、この3つが重なればうま味のハーモニーが出来上がります。ベジブロスでは、それを簡単に組み合わせることができるわけです。

　たとえば、昆布だしにベジブロスを合わせれば驚くほどうま味がまろやかに倍増します。鶏のガラの「後味」にベジブロスを合わせても同じことが言え、ベジブロスはうま味のバランサーといっても過言ではありません。

Q. 現代人の多くは、添加物の多い市販のだしに慣れています。たとえば、ベジブロスを摂り続ければ正しい味覚が戻ることはありますか？

　加工食品の開発者は、強いうま味調味料（化学調味料）やたんぱく加水分解物、各種エキスを使って味を組み立てていきます。工業的に作られたものでコストは安いですが、この人工的な味に慣れてしまうと味覚は育ちません。これは、添加物に慣れた子供や大人たちの味覚を一気に変えることは難しいということを意味します。でも、決して不可能ではありません。方法としては、今使っている添加物入りのだしの素をまず、1/2量に減らしてみる。次は、1/3量に。それができたら1/4量に、と徐々に使用量を減らしてみてください。減らした分は、かつお、昆布、いりこのような天然のだしを使うこと。そのうちに、自然と味覚が戻っていくことを実感できるはずです。

Q. 普段、どのような料理にベジブロスを使っていますか？

　ちゃんぽんは、ぴたりとハマる！ ちゃんぽんは野菜がたくさん入っていますよね。だから、「中味」が効いていてうま味曲線が重なるわけです。私は、ベジブロスの顆粒（P.94）を利用させていただいていますが、「中味」に最適なのです。

　自宅で、昆布とかつおでだしを取ったものに、この顆粒のベジブロスを少し入れると味がまろやかに調います。そこに、鶏肉、うす口醤油を加え、ごま油を2、3滴と私のオススメの手作り中華スパイス（生姜パウダー：にんにくパウダー＝2：1）をふりかけると、美味しい中華スープが簡単にできます。ぜひ、作ってほしいですね。他の材料でも、ベジブロスを加えると、全体の味がまろやかになり、ちょうどよくなります。これこそが、「中味」の効果です。

VOICE ❹ 専門家の声

吉田 俊道

Profile ● Yoshida Toshimichi

NPO法人 大地といのちの会 理事長。九州大学農学部大学院修士課程修了後、農業改良普及員として長崎県庁に就職。1996年に有機農業に新規参入。1999年「大地といのちの会」結成。行政と協働し、子供たちにいのちの環境体験、おなか畑の土作り体験などを広げている。

映画『いただきます ここは、発酵の楽園』

映画『いただきます みそを作る子どもたち』の続編。待望の第2作目は、「植物、微生物、ありがとう」をテーマとし、田植えや稲刈り、薬草など自然あふれる環境で目に見えない微生物の働きを垣間見ることができる心温まる作品です。

プロデューサー・監督・撮影・編集：オオタヴィン
ナレーション：小雪　音楽：ハイロウズ、坂本美雨、他
出演：吉田俊道、木村秋則、菊地良一、日原瑞枝園長
制作：まほろばスタジオ　2020年／日本／81分

　私が最初にベジブロス本を出版した時のパートナーである吉田俊道さん。幼稚園や小学校で生ごみを堆肥に変えて野菜作りをされています。いわば有機農業のパイオニアであり、敬愛するベジブロスの父！というべき偉大な存在。その吉田さんが、映画「いただきます ここは、発酵の楽園」に出演され、いま話題を呼んでいます。改めて、ベジブロスのことや活動内容について質問させていただきました。

Q. ベジブロスの利点は、どのようなところですか？

　ベジブロスは、捨ててしまうことが多い部分を使用するわけですが、実はそこにこそ生命に必要な栄養素が詰まっています。例えば、皮は自分を守るバリアだから抗酸化成分が、芽が出てくる生長点にも豊富な栄養素が含まれています。しかしそういう部分は、生ゴミリサイクルで土に戻したときに、どんなにやわらかくても菌ちゃん（微生物）でさえ食べません。分解者である微生物は元気な部分は食べないという決まりがあるからです。ところがベジブロスとして煮出すことで、その部分の栄養を吸収できるようになります。要するに漢方薬と同じことですよね。ですから、食にベジブロスを取り入れるかどうかで、生命力に大きな違いが出てくると思います。

Q. 吉田さんの活動も 23年目となりますが、その内容を教えてください

　菌ちゃん土作りのことや、子供たちへのアプローチ、菌ちゃん野菜作り等、もう23年も続けていますが、なかなか広がりませんでした。しかし、今年に入ってから菌ちゃん野菜作りが幼稚園、保育園を中心に全国的に広がってきました。
　実際の活動の中で感じるのは、幼児期は語彙力が少ないけれど、言葉よりも体験を通して体で本質的に理解する力が、大人よりも高いと

いうことです。体験を通して理解すると、例えば、毎日食べることの意味が変わってきます。必要な栄養を摂取しているということだけではなく、一生懸命生きてきたお野菜さんが自分の中に入り、自分の生きる力になってくれている。そんなふうに幼児なら思えるのです。部屋で見つけたトンボの死骸をゴミに捨てるのではなく、畑に戻す姿を見るにつけ、地球の循環やすべての生命との共生について、本当に理解しているのだなとかえって子供たちから教えられることがあります。

野菜の気持ち、菌ちゃんの存在に気づくようになると、食事の仕方が変わり、実際にとても元気で病気知らずになってきます。そんな幼稚園、保育園が少しずつ増えつつあります。

Q. プランターから始める野菜作りの方法について教えてください

初めての人でもプランターさえあれば、道ばたの雑草だけで肥料なしに野菜が育つのです。「いただきます ここは、発酵の楽園」のヴィン監督が初心者向けに DVD を作ろうと言ってくれて、私が助言しながら若い母子が野菜を育てる様子を取材、編集、製作してくれました。これを見るのが一番わかりやすいと思います。

Q. 現代人の食生活について思うことはありますか?

自分で調理できる人、料理するのが好きな人が、とても重宝される時代になったと思います。その一方で、自分で調理する人が本当に少なくなっています。販売するために作る食は、時間が経っても変色変質しないため、少しでも安くするために様々な加工が施され、ミネラルやファイトケミカルを流失させ、または封鎖して消化吸収ができなくなっています。

その結果、現代型栄養失調になっているか、なりかけている人が増えていると感じます。同時にそういう人は心や体に不調を抱え免疫力も弱く、自分で料理する機会もない。そんな人に、足りない微量栄養素が濃縮されていて、なおかつそれらを吸収できるよう腸内を発酵状態にするものを届けたいという思いから「菌ちゃんげんきっこ*」を開発、改良してきました。すると、これを使用した人から、便の状態の改善から始まり、心と体が本来の調子になってきたと喜びの声がたくさんあがってきました。

食の重要性をあまり認識していなかったり、自分で料理しない人には、とりあえず今食べているものに「菌ちゃんげんきっこ」を加えて食べてもらい、心や体の調子の変化を感じてもらうことで、食の力に気づいたり、自分で料理をしてみようと思うきっかけにしていただけたらと考えています。

菌ちゃんふぁーむの畑は年々菌ちゃんだらけに発酵してきました。さらに毎年海のミネラルも入れて、「菌ちゃんげんきっこ」の材料自体がますます高品質化しています。たまに外食する時や、心や体にトラブルを抱えた人が近くにおられたら、試してみる価値はあると思います。

*吉田俊道先生が考案し、製造している頭ごとの焼アゴ・いりこ、昆布と干ししいたけ、前日が晴天だった時の翌朝に収穫した旬野菜の乾燥粉末

Q. これからの日本の食、未来について何か考えていることはありますか?

日本でのオーガニックは、世界の中でかなり遅れていますが、ある時点で急速に広がるでしょう。日本は高温多湿で病害虫が発生しやすい環境の中で有機農業を実現させないといけないので、かえって技術は進んでいます。人を健康にして、しかもCO_2を固定して地球環境を改善するオーガニック農業が広がっていくのが楽しみです。

全国各地でベジブロスの取り方や美味しさを伝えているみなさまに質問してみました。

ベジブロスアンケート：Q&A

Q1：あなたのベジブロス歴を教えてください。

Q2：ベジブロスの好きなところを教えてください。

Q3：ベジブロスを使ったお得意料理は何ですか？

Q4：活動状況を教えてください。

Vegebroth Q&A

井上由岐子 さん

A1：8年

A2：30分あればすぐに美味しいだしがとれ、和洋中どの料理に使っても美味しく仕上がることや、野菜が苦手な子供や、量を多く食べられない高齢者でも効率よく野菜の栄養素がとれるところ。
自分の畑で収穫した野菜でベジブロスを取り、取った後はまた畑に還して肥やしとなり、捨てることなく循環できるところ。

A3：鹿シチュー／ブラウンソースを作り、塩麹に漬けておいた鹿肉をベジブロスと一緒にホロホロになるまで煮込み、季節の野菜もたっぷり入れて煮込みます。

A4：「大地と手の恵みプロジェクト」代表。www.daichitotenomegumi.com
兵庫県宍粟市で農薬、化学肥料不使用で大豆を栽培し、地域の幼稚園でその大豆を使用した味噌作りや、有機農業講座や季節の手仕事講座を開催しています。ベジブロス講座、しろたまり作りワークショップ、ホールフード体験講座 in 神戸も開催し大好評でした。

中山かんな さん

A1：6年

A2：植物性のみの材料ですごくコクがでること。栄養が摂れること。料理のジャンルにとらわれず、使用できること。野菜を無駄なく使い、丸ごと使用しているので、農家からすると大満足の料理法です。

A3：soup

A4：安心でおいしい野菜の生産と販売『チャヴィペルト』オーナー。
www.chavipelto.co.jp
暮らしの教室や自治体で、食の講座を開催。ファイトケミカルなどの栄養は身近な野菜から摂取できることをお話しました。

石曽根栄子 さん

A1： 10 年くらい

A2： すっきりとした優しい味と色味

A3： 季節の冷製スープ／旬のとうもろこしと自家農園のハーブ（フェンネル）とベジブロス、無調整豆乳、塩を合わせ、冷たいスープに仕上ます。

A4： 北斗の森主宰。自然食料理家。料理教室の開催と、料理を通じてベジブロスを伝えています。

小野川久江 さん

A1： 6 年くらい

A2： 和洋中すべてに使えるところです。私はパウダータイプのベジブロスをよく使います。
ラタトゥイユを作る時にサッと一振り、ガスパチョを作る時に塩の代わりに、炊き込みご飯に入れたりと何にでもあいます。しかも栄養価が高くヘルシーなので、インスタント食品に入れるとギルティフリーな感じになります。

A3： 青梗菜とエコシュリンプ／オイスターソース、醤油、酒、豆板醤、ベジブロスでタレを作る。ニンニクのみじん切りを弱火で炒める。青梗菜の茎、木耳、タレ半量を炒め火が通ってきたらざく切りトマト、青梗菜の葉、ベジブロスでボイルしたエコシュリンプ、残りのタレを入れサッと炒める。

A4： 発酵サラダ　オーガニック・デリ Shuhari オーナー。

木内康代 さん

A1： 約10年

A2： 野菜をムダなく全て使いきれるところ。底力があるので、姿は見えなくとも料理の味をアップさせてくれるところ。野菜のうま味たっぷりで、クセがないので和洋中と色々なお料理に使えるところ。免疫力が上がっているからか、風邪をひきにくくなりました。

A3： カレーやシチューなどの煮込み料理。スープやラーメン、ご飯を炊くときなど水の代わりにベジブロスを入れたり、その他ベジブロスを作るときに和ハーブを一緒に入れてお茶感覚でいただいています。

A4： ホールフードスクール専任講師として、各地でベジブロス講座を行っています。（NHK 文化センター千葉／よみカル恵比寿／よみカル錦糸町／生活クラブ埼玉大人の学校／くらしフェスタこまえ 狛江市消費生活展）

ベジブロスキャラバン隊！
新講座はじまります

Vegebroth Caravan

「ベジブロスの取り方や使い方を単純に学ぶだけではなく、野菜に含まれる
ファイトケミカルの有効性や栄養的な基礎知識も知って欲しい」
この思いから、ベジブロスの伝道師を育成する「ベジブロスキャラバン隊」講
座を新しく開催します。

これまで、ホールフードスクールの生徒たちが実践してきたベジブロスを、よ
り多くの人に知ってもらい、健康管理に有効な野菜だしとして後世へ普及を
していくのが目的です。ベジブロスが広がることにより、私たちの健康増進や
免疫力アップはもとより、野菜や農業への関心に目覚め、日本の未来をよりよ
くするための高い意識を持つ人を育てていくこと。ベジブロス普及のゴール
は、そこにあると考えます。

今回の講座では、ベジブロスの取り方の基本から応用編。さらに、ベジブロス
に使用する野菜の選び方についてです。野菜は、何でも良いわけではなく、
安全な国産の野菜を選んで欲しいことから、農薬や化学肥料、土作りについ
ての見識を身につけるべく、実際に農業を営んでいる現役農家の方も講師陣
にお招きしていきます。

ベジブロスキャラバン隊講座カリキュラム

1 ベジブロスの取り方

- 基本のベジブロスの取り方
  野菜の選び方、組み合わせ、野菜が少ないときの対応
- ベジブロスの応用編
  魚のアラ、骨つきの鶏肉を使ったベジブロスの取り方・使い方

2 ファイトケミカルとベジブロス

- ファイトケミカルとは
- スローエイジングと免疫力

3 農家から学ぶ野菜の選び方　都市型農業

- 農薬と化学肥料の弊害と土作り
- 良い野菜の選び方

4 伝えるためのポイント講座

- 講師の心構えと伝え方のコツ
- 食材の準備について
- ホールフードの考え方

受講方法

1 1Day ライブ講座

- ベジブロスランチプレート付き
- 認定試験
- 修了書授与

2 パソコンやスマートフォンで受講

- レポート提出
- 修了書授与

詳しい内容は、タカコ ナカムラ ホールフードスクール HP にて告知いたします。
ホールフードスクール　https://whole-food.jp/wholefoodschool/

タカコ ナカムラ
ホールフードスクール

Whole Food School

タカコ ナカムラ ホールフードスクールは、料理だけではなく、暮らし方、農業や環境のことまで、まるごと学ぶホリスティックな学校です。

「Whole Food」とは、直訳すると"まるごとの食べもの"。「全体食」から生まれた言葉です。
ホールフードスクールでは、もっと広い視点からこの言葉をとらえ直し、ライフスタイルをまるごと考えていこうと提案しています。

なぜなら、食と暮らしと環境はみんなつながっているからです。

"You are what you eat ＝「あなたは食べたもので作られています」"
毎日どんなものを食べるかは大切ですが、どんなものを使うかも同じように大切です。
食だけでなく、私たちと一緒に暮らしもまるごと考えてみませんか?

●**1Day 講座**
1 回 2〜3 時間の 1Day 講座では、「手前味噌」「梅干し」「ぬか床」など、季節の手しごと講座のほか、各分野の食のプロから学ぶ講座も開催しています。

●**ホールフード基礎コース**
ホールフードが初めての方向けの、食の安全を学ぶコースです。少人数制でのクッキング実習と講義との組み合わせで、ホールフードの基礎から学んでいきます。最終日の試験に合格するとジュニアマスターに認定されます。

●**ホールフード応用コース**
基礎コース修了者向けの、暮らしの安全を学ぶコースです。
少人数制でのクッキング実習と、講義は各ジャンルの第一人者を講師に迎えます。
最終日の試験に合格するとシニアマスターに認定されます。

● **ホールフード協会 資格認定講座**
「和食にすと」「味噌マエストロ」「しろたまりマエストロ」など、プロフェッショナル育成講座を開催しています。

タカコ ナカムラ ホールフードスクール　https://whole-food.jp/wholefoodschool/
東京都大田区上池台2-31-11　モダンフォルム上池台2F　電話（03）3729-1077

ホールフード協会

Whole Food Association

食と暮らし、農業、環境まで"まるごと"考えるホールフードの理念を様々な形で伝えています。安全な食と豊かな自然を、未来へ手渡していく活動を応援します。
協会メンバーは、タカコ ナカムラ ホールフードスクールの卒業生、一般サポーターと全国各地の伝統的な食材や道具を作る生産者のみなさんです。

《活動内容》

1 食の資格認定

ホールフードの概念は食や農業、暮らし、環境と幅広い分野の知識を必要とします。料理教室や各種セミナーなど学びの場を提供し、通信教育でも様々な認定資格を授与しています。

2 商品開発・メニュー開発

オーガニックなナチュラル素材を基本とした商品やメニュー開発、コンサルティング、料理撮影、印刷物の制作も可能です。

3 生産者視察ツアー企画・運営

消費者と生産者をつなぐ活動を支援しています。その一環として、伝統的な製法でものづくりをされている生産者を訪ねて学ぶ、産地視察エデュケーショナルツアーを開催しています。

4 本の企画・出版

ホールフードに関係する料理本の企画・制作を行っています。

5 イベントやセミナーの企画・運営

生産者を講師に招き、こだわりを伝え、その知識を持って広く活動を促す企業型セミナーを企画しています。

一般社団法人ホールフード協会　https://whole-food.jp/association/
電話（03）6421-9027

ベジブロス関連商品の紹介

Vegebroth Products

ベジブロスはご家庭で取っていただくことが一番です。
ただ、忙しい時のお助けだしや急な来客時にも慌てないために、簡単で便利なベジブ
ロスを使ったオリジナル商品もご用意しました。

パウダータイプ

万能野菜だし ベジブロス（顆粒タイプ）は、5種類の国産野菜をじっくり
煮出して、野菜の栄養とうま味をまるごといただく、万能野菜だしです。
「人工的なうま味成分」「化学調味料」「たんぱく加水分解物」「酵母エキ
ス」は一切使用していません。植物性素材だけで作っており、動物性
素材は使っていないので、ヴィーガンの方にもおすすめです。

通常のだしと同様に、味噌汁や煮物等にも。カレーの具材と一緒に煮込
めば、深いコクがでます。150ccのお湯に対して、小さじ1（約4g）のパウ
ダー状のベジブロスで美味しいコンソメスープになります。

他にも、こんな使い方も♪
◉ ベジブロスパウダー+梅干し+海苔=和風スープ
◉ ベジブロスパウダー+ナンプラー+パクチー+ごま油=アジアンスープ

**万能野菜だし ベジブロス
（顆粒タイプ）**
80g ¥756（税込）
原材料：オリゴ糖、食塩（沖縄の
塩）、野菜エキス（人参、玉葱、白
菜、セロリ、まいたけ）

濃縮だしタイプ

和食だけではなく、洋食にも中華にも、オールマイティに使えます。
塩味も甘味もついていますので、お好みの味に割って、スープや味付け
にお使いください。これ一本で、味がビシッときまります！　夏には麺つゆ
に、冬にはお鍋のベースにと冷蔵庫に1本あると便利です。

◉ 新鮮な7種の国産野菜を煮出しています
◉ 化学調味料不使用
◉ 希釈目安：15倍（1本で約7L分）

七彩べじぶろす（濃縮液体タイプ） 450ml ¥2,138
原材料：野菜（玉ねぎ・にんじん・トマト・セロリ・白菜）（国産）、食塩、しょうゆ（大豆・
小麦を含む）砂糖、本みりん、酵母エキス、玉ねぎ外皮、舞茸粉末、ごぼう粉末
販売先 (株)長寿乃里

《上記商品のお求めは》
通販サイト　BASE ホールフードショップ「まるごと」
直売店　ホールフードショップ「まるごと」
　　　　東京都大田区上池台 2-31-11　モダンフォルム上池台2F
　　　　最寄り駅　東急池上線　洗足池駅　徒歩1分

おすすめの調味料と道具

タカコ ナカムラおすすめの調味料

選ぶ基準：誰がどこでどんな原料でどのように作っているかわかるものを選びましょう。

① 塩…海の精あらしおドライ／海の精(株)（東京都新宿区）
② 醤油…はつかり醤油／(株)松本醤油商店（埼玉県川越市）
③ 白醤油…しろたまり／日東醸造(株)（愛知県碧南市）
④ 油…チャスキオイル／ NPO法人アルコイリス（千葉県松戸市）
⑤ 料理酒…蔵の素／(株)片山（神奈川県川崎市）
⑥ みりん…三河みりん／(株)角谷文治郎商店（愛知県碧南市）
⑦ 塩麹…海の精塩麹／海の精(株)（東京都新宿区）

ベジブロスを取るための便利調理器具

ベジブロスを取るときには、手つきのステンレス製のざ
る、料理を作りながら取る「ながら取り」に便利なフック
付きのステンレスのざるは便利でおすすめです。

レシピ考案・料理作成　タカコ ナカムラ
料理アシスタント
　木内康代
　門之園知子
　濱中由紀

料理スタイリング　タカコ ナカムラ
撮影　佳川奈央
編集協力　川越光笑(たべごとライター)
アートディレクター・デザイン　Jyotis LLC 櫻井愛子

協力　タカコ ナカムラ ホールフードスクール
　TEL：03-3729-1077
　https://whole-food.jp/

「暮らしの真ん中にオーガニックを。」
料理に使った野菜は、有機野菜「ビオ・マルシェの宅配」(会員制)の提供です。
●問い合わせ・申込み
TEL：0120-06-1438　https://www.biomarche.jp

2020 年 11 月 5 日 初版第 1 刷発行
野菜・魚・鶏肉の栄養とうま味を"まるごと"いただく奇跡のだし

ベジブロス 美と免疫力アップでサビないカラダ

著　者　　　タカコ ナカムラ
発行者　　　後藤 康徳
発行所　　　パンローリング株式会社
　　　　　　〒160-0023 東京都新宿区西新宿 7-9-18-6F
　　　　　　TEL 03-5386-7391　FAX 03-5386-7393
　　　　　　http://www.panrolling.com/
　　　　　　E-mail info@panrolling.com
装　丁　　　Jyotis LLC
印刷・製本　株式会社シナノ

ISBN978-4-7759-4241-3